미국 정치 평전

미국 정치 평전

민주당과 공화당의 정치 독점,
그리고 소외된 목소리

남태현 지음

오월의봄

미국의 50개 주

워싱턴

몬태나

노스디고다

오리건

아이다호

사우스다코

와이오밍

네브래스

네바다

유타

콜로라도

캔즈

캘리포니아

오

애리조나

뉴멕시코

텍스

알래스카

하와이

미네소타

위스콘신

미시간

뉴햄프셔

버몬트

메인

뉴욕

매사추세츠

로드아일랜드

코네티컷

펜실베이니아

뉴저지

아이오와

일리노이

인디애나

오하이오

델라웨어

웨스트
버지니아

메릴랜드

미주리

켄터키

버지니아

워싱턴 D.C.

노스캐롤라이나

테네시

아칸소

사우스
캐롤라이나

미시시피

앨라배마

조지아

루이지애나

플로리다

미국의 민주체제는 참 특이합니다. 2020년 미국 대선을 보면서 많은 사람이 그렇게 생각했죠. 선거인단은 무엇을 하는 사람들인지, 왜 있는지, 대선 과정은 왜 이리 복잡한지, 결과는 왜 당장 안 나오는지 모두가 궁금해했습니다. 민주국가에서 트럼프가 대통령이 된 것도 이상하고, 대선 결과에 승복하지 않고 생떼를 쓰는 것도 이해하기 힘들었습니다. 게다가 미국은 대통령제 민주체제의 발상지이고, 이를 세계 민주체제와 동일시하기 쉬우니 그 의아함은 더 배가되었죠. 미국의 민주체제를 들여다보면 대통령이 절대적 권력을 갖고 있는 듯하지만 의회와의 충돌은 끊이질 않습니다. 주정부도 방위군이 있을 정도로 연방정부와 독립적이고 법원의 힘도 강력하죠.

9

우리가 미국의 민주체제를 잘 알고 있다고 생각하지만, 가만히 돌이켜보면 잘 모르고 있는 경우가 많습니다. 이 책은 이렇게 익숙하지만 낯선 미국의 민주주의를 살펴봅니다. 무엇이 미국 민주체제를 독특하게 만드는지, 그 역사적 배경은 무엇인지, 그리고 어떻게 정치가 이루어지는지를 생각해보자 합니다.

　　미국의 민주체제를 보며 한국의 정치체제도 돌아보면 좋겠습니다. 한국의 정치만 논해서는 한국 정치를 이해하기 힘듭니다. 저는 늘 몸무게에 신경 쓰는 편이지만 살은 늘 용서 없이 다시 찝니다. 하지만 거울만 봐서는 잘 모르죠. 그러다 문득 지난 사진을 보면 놀라게 됩니다. 아, 저때는 저렇게 보기 좋았네, 다이어트 다시 해야겠구나, 이런 마음을 먹게 되죠. 이렇게 어떤 것과 비교하는 것은 내 실상을 돌아보는 기회가 되기도 합니다. 사실 비교는 모든 인식의 바탕이기도 합니다. 한국에서 거대 양당(민주당과 국민의힘)이 공룡화되었다는 걱정을 많이 합니다. 하지만 미국에 비하면 양당으로의 집중은 덜한 편입니다. 또 삼권분립에서 미국은 몇 발 더 앞서 있죠. 이런 비교를 하면서 인식을 해야만 왜 이 문제가 이 정도로 심각한지를 모색할 수 있습니다. 이 책이 한국 민주체제의 미래를 고심해보는 계기가 되면 좋겠다는 야무진 바람을 가져봅니다.

　　미국과 비교하는 이유는 우선 제 개인 사정 탓이

큽니다. 저는 냉전 시대를 살았습니다. 북한 사람이 실제로 사람이었다는 사실에도 놀란 어린이였죠. 소련 지도자 고르바초프가 체포되었다는 소식을 들었을 때는 대학생이었습니다. "나 때는" 미국과 소련 사이의 핵전쟁을 걱정하던 시기였죠. 미국은 자유 세계의 수호자였고 한국엔 특별한 존재였습니다. 그 존재는 텔레비전 채널 2에서 매일 확인할 수 있었습니다. AFKNAmerican Forces Korean Network이 MBC, KBS, TBC와 더불어 전파를 탔습니다. 게다가 한국은 권위주의체제를 벗지 못한 시절이었죠. 자연히 미국 민주체제는 선망의 대상이었습니다. 이후 미국에서 정치학을 가르치며 세월을 보냈습니다. 그러니 자연히 익숙한 두 나라의 민주체제를 늘 비교해왔습니다. 지금, 그 생각을 공유하고자 합니다.

　　한국과 미국을 비교하는 것은 쉽지 않습니다. 인구와 영토의 크기, 경제력, 군사력, 문화적 차이 등이 있기 때문이죠. 게다가 가치판단이 숨어들 여지도 있습니다. 미국은 선진국이라는 인식, 한국이 따라가야 할 대상이라고 여기기 쉽습니다. 팍스아메리카나의 중심이니 당연한지도 모르겠습니다.

　　실제로 미국은 다른 나라에 비해 앞서는 면이 많습니다. 그렇다고 미국이 모든 면에서 최고는 아닙니다. 한국과 비교해서도 마찬가지입니다. 높은 수준의 공립학교 교육, 편리한 대중교통, 높은 의료 접근성 등 한국이 미국에 비해 뛰어난 점은 한둘이 아닙니다. 정치는 어떨까요? 한국의 역사는 수천 년이지만 민주체제는 이제 걸음마 단계입니다. 미국의 민주주의는 수백 년을 흔들리지 않고 이어져왔습니다. 쿠데타도 없었고, 국회의원 사이의 몸싸움도 볼 수 없습니다. 민주체제가 한국보다 더 성숙하나고 할 수 있죠. 하지만 미국 민주체제도 위기가 없지는 않았습니다. 남북전쟁(1861~1865)은 그 대표적 예입니다. 중력민주주의의 발달로 소외된 목소리도 많습니다(중력민주주의에 관해서는 3장을 참조해주세요). 그 소외감이 쌓이고 쌓여 트럼프를 통해 폭발했죠. 트럼프 정부 또한 집권 내내 비민주적 행태를 통해 미국의 민주체제를 시험에 들게 했습니다. 그러니 가치판단은 별 소용이 없습니다. 냉정한 비교를 통해 스스로를 평가하는 지혜가 더 필요하죠. 이 책이 미국의 민주체제를 하나하나 들여다보면서 결국에는 한국의 민주체제를 돌아보는 계기가 되면 좋겠습니다.

이 책은 오월의봄 박재영 대표의 제안으로 시작했습니다. 바다 건너 먼 곳에서 누군가가 관심과 애정을 보여주고 있다는 사실만으로도 큰 힘이 됩니다. 감사합니다. 제 글이 세상에 나오는 데 수많은 은사님, 동료 여러분께 빚을 졌습니다. 일일이 이름을 대는 게 송구

스러울 정도로 제 빚은 국경과 시간을 넘나듭니다. 매일 저를 응원해주는 아내 김종숙과 어느새 훌쩍 커버린 세 아이(희지, 윤서, 윤하)에게도 진심으로 고맙다는 말을 전합니다.

파도처럼 밀려오는 도전을 헤쳐나가고 있는 동지에게, 나의 과거를 기억해주는 동무에게 응원의 말을 전합니다. "파이팅."

그 누구도 독재자가 될 수 없다: 권력의 분산

미국의 민주체제는 한국이랑 비슷하면서도 굉장히 다릅니다. 특히 미국의 연방제는 아주 독특하죠. 연방정부와 지방정부의 분리, 삼권분립으로 종과 횡 모두 잘 나뉘어 있습니다. 여기서 비롯되는 미국만의 정치는 때로는 흥미롭고 때로는 답답하기도 합니다. 이 장에서는 미국 민주체제의 독특한 모습을 우선 살펴보겠습니다.

2020년 대선과 민주체제의 의미

한국은 고사하고 미국 사람들도 2020년 미국 대선을 몹시 혼란스러워했습니다. 개표 과정은 복잡했고 논란이 끊이질 않았죠. 11월 3일 화요일에 선거가 있었지만 당일은 고사하고 그 주 주말이 되어서야 윤곽이 나왔습니다. 그마저도 개표가 완료된 것은 아니었죠. 펜실베이니아주의 결과가 나오면서 민주당 후보인 바이든의 승리가 확정적이 됐지만, 그다음 주에도 조지아주, 노스캐롤라이나주, 애리조나주의 선거 결과는 나오시 않았습니다. 논란과 정치 공방이 계속 이어졌습니다. 보통 같으면 선거 날 밤 결과가 나오고 패자의 승복 연설, 승자의 연설이 이어집니다. 동시에 별로 알려져 있지 않은 연방총무청GSA, General Services Administration이 새 정권팀에 정부 기관, 재정 등에 접근할 권한을 줍니다. 정권 이양을 바로 시작하는 것이죠. 이번엔 그 승인이 11월 23일이나 돼서 나왔습니다.

미국 대선이 이렇게 혼란스러운 데엔 여러 이유가 있습니다. 그중 가장 큰 건 바로 주마다 제각각인 법과 주정부, 즉 연방제 그 자체에 있습니다. 2020년 초 코로나19 바이러스가 걷잡을 수 없이 퍼지면서 연말 선거가 제대로 치러질 수 있는지에 대한 우려가 커졌죠. 집합 금지 조치가 다급한데 주민들이 투표소에 모여야 했으니 말입니다. 우편투표가 한 방법이었지만 주마다 이를 적용하는 방법은 제각각이었습니다.[1] 캘리포니아주를 비롯한 서부 주들은 우편투표 용지를 모든 유권자에게 보냈죠. 일리노이주, 메릴랜드주 등은 우편투표 '신청서'를 모든 유권자에게 보냈습니다. 텍사스주 등 남부 주에서는 코로나19 말고 다른 사유를 요구했습니다. 우편투표 집계 방식도 각양각색이었습니다.[2] 우편투표가 도착하면 바로 개봉해 집계하는 곳(뉴욕주, 애리조나주 등)이 있는가 하면, 선거 2주 전(캘리포니아주, 플로리다주 등)이나 2주 남은 시점이 지난 후(미시간주, 텍사스주 등)에 개표를 시작한 곳도 있었습니다. 선거 당일에 시작한 주도 여럿 있었죠. 논란이 됐던 펜실베이니아주도 개표를 선거 당일에 시작했습니다.

이런 혼란은 선거가 주정부 소관이기 때문입니다. 그러다보니 주마다 각기 다른 사정이 일을 복잡하게 만들었죠. 펜실베이니아주에서는 우편투표 개표를 놓고 정치적 대립이 심각했습니다. 민주당 소속인 톰 울프 주지사는 빨리 개표를 시작하려 했습니다. 개표 지연이 정치적 긴장으로 이어질 수 있음을 예측했기 때문입니다. 공화당이 주도하는 주의회는 이를 반대했죠.[3] 트럼프 대통령이 우편투표를 비난했기 때문이었습니다. 결국 우편투표 개표는 투표 당일까지 미뤄졌습니다. 전체 68만 표 중 거의 절반이 우편투표였는데, 이를 하나하나 뜯고, 스캔해야 하니 개표가 늦어진 겁니다. 결국 주지사가 걱정했던 사태로 이어졌습니다. 한국에서는 이런 혼란이 신기하게 보이겠지만 미국에서는 낯설지 않습니다. 물론 미국에서도 답답해하기는 합니다. 하지만 혼란이라기보다는 미국 민주체제의 참모습에 가깝죠.

민주체제는 정치권력의 불확실성을 제도화한 것입니다. 그 반대를 생각해볼까요? 왕조체제는 비민주 정부의 대표적 예입니다. 일반적으로 왕위에 오르면 그 사람은 왕으로서 죽습니다. 폐위되지 않는다면 말이죠. 그는 죽기 전에 후계자를 정해야 합니다. 보통 아들 중 하나를 지목하고 황태자, 세자 등의 호칭을 단 그 아들은 왕이 될 준비를 하죠. 선왕이 죽으면 그 자리를 채우고 왕 노릇을 이어갑니다. 왕자의 난이니, 뭐니 해서 변수가 없지는 않습니다. 신하들이나 종교권력이 득세하기도 하죠. 하지만 많은 경우 왕은 상당한 권력과 그 자리를 보장받습니다. 권력의 불확실성이 그리 크지 않은 것이죠. 옛날이야기만도 아닙니다. 현재에도 사우디아라비아는 왕이 나라를 다스리고 있죠. 북한 정권도 왕조와 비슷하다고 볼 수 있습니다. 왕조체제만 그런 것도 아닙니다. 러시아를 볼까요? 푸틴은 2000년에 대통령이 된 후 아직도 권력을 잡고 있습니다. 두 번 대통령을 연임하고, 그 뒤에는 자기 측근을 대통령에 앉혔죠. 그러면서 자신은 총리를 지냈습니다. 헌법이 3선을 금지하니 이를 피하려는 꼼수였죠. 그러고는 대선에 다시 나가 승리한 뒤 또 대통령이 되었습니다. 2018년 대선(총 네 번째)을 이겨 두 번째 임기의 재선에 성공했습니다. 그는 늘 선거에 나가면 이기고, 지지도도 높습니다. 하지만 그렇다고 그가 이끄는 러시아를 민주 정권이라 할 수는 없죠. 선거가 있어도 정작 그 제도가 추구하는 본질, 즉 정치권력의 불확실성이 굉장히 낮기 때문입니다. 푸틴은 대중의 지지를 등에 업고 정적을 숙청했습니다(최대 정적인 나발니는 2021년 1월 독살 기도는 피했지만 결국 감옥에 갇히는 신세가 됐습니다). 언론에 재갈도 물렸죠. 지방자치제 등 국가권력의 큰 틀도 다 바꿔버렸습니다. 선거에서 일어날 수 있는 불확실성, 즉 자신이 패배할 수도 있는 가능성을 애초에 최소화했습니다.

민주체제는 정치적 불확실성을 제도화해 권력자를 계속 시험하고 교체하기도 합니다. 아무리 인기가 많아도 선거를 통해 경쟁자와 대결을 펼쳐야 합니다. 여론조사에서 절대적으로 앞서도 막상 뚜껑을 열어보면 승부가 어찌 될지 아무도 장담하지 못하죠. 게다가 선거는 주기적으로 찾아옵니다. 유명하고 노련한 정치인도 신인에게 일격을 맞기도 하죠. 조 크롤리는 미국 민주당 5선 의원으로 민주당 하원 원내의장까지 지내며 당내 위상이 높았습니다. 하지만 2018년 당내 경선에서 정치 초보인 알렉산드리아 오카시오-코르테스에게 일격을 당했죠. 2020년 미국 대선도 비슷합니다. 트럼프는 대통령으로서의 권력과 영향력을 남용하면서까지 승리를 노렸지만, 결국 패배했습니다. 원내대표를 하면서 차기 당 대표까지 거론됐던 나경원도 비슷하니다. 2019년 국회 안 농성을 주도하며 사상 초유의 사태를 연출하면서 두각을 나타냈지만 2020년 국회의원 선거에서 신인에게 패하며 5선의 꿈을 접었습니다.

이런 불확실한 미래는 민주체제의 정치권력자들을 왕, 독재자 등과 다르게 만드는 핵심 요소입니다. 아무리 녹불장군이어도 선거 때가 되면 미소를 띠고 고개를 숙이고 서민의 삶을 들여다보는 척이라도 하게 되죠. 민의가 무엇인지 고민하지 않으면 안 됩니다. 민의를 받드는 게 좋아서만은 아닙니다. 불확실성을 이기기 위해 그런 행동이 필요하기 때문이죠.

왕조체제에서도 좋은 왕은 배출됩니다. 하지만 대를 이어 좋은 왕이 나오기란 쉽지 않죠. 정말 운에 맡길 수밖에 없습니다. 이런 운에 기대는 대신 어떤 지도자라 하더라도 민의를 살피게 강제하는 게 민주체제의 핵심입니다.

연방정부와 주정부 사이의 깊고 넓은 강

선거는 민주체제의 핵심이지만 전부는 아닙니다. 정치적 불확실성은 민주체제를 여러 면으로 확장시킬 수 있죠. 그중 하나는 권력 분립입니다. 아무리 왕이어도 예산권이 없으면 권력의 불확실성은 커집니다. 왕과 의회가 대립하면 이들은 민의를 좇을 수밖에 없습니다. 민의를 좇는 측이 싸움에서 유리하다고 하는 게 더 정확하겠죠. 이런 권력 분립이 제도화되면서 서구 민주체제가 성장했습니다. 한국도 크게 다르지 않습니다. 독재정권 시절에는 중앙정부가 지방 행정까지 챙겼습니다. 청와대 의중이 도지사에서 통장, 반장을 거쳐 주민들에게 일방적으로 하달됐죠. 정권을 유지하기 위해, 권력을 휘두르기 위해 강력한 중앙집권식 권력체제가 필요했던 겁니다. 이는 1990년대 민주화가 점차 이뤄지면서 무너졌습니다. 지방자치단체장이 선출직으로 바뀌고 지방에 의회도 생겼죠. 이렇게 보면 지방정부의 발달은 선거만큼이나 민주체제에서 중요합니다. 이런 면에서 미국은 특별합니다. 지방정부의 발달 정도가 미국을 따라갈 나라가 없죠.

미국 건국과 지방정부의 관계는 떼려야 뗄 수가 없습니다. 미국United States이라는 나라가 식민지였던 주들States이 모여United 만들어졌으니까요.[4] 주 대표들 간의 논쟁과 타협이 건국의 바탕이었습니다. 건국 직후에 연합규약Articles of Confederation을 통해 나라를 만들었습니다. 이 당시에는 주 자치권이 강했죠. 이를 지키기 위해 의회에 모든 권한을 집중했습니다. 행정부의 권위는 지금의 유럽연합이 가지는 권한 정도밖에 없었습니다. 이후 셰이즈의 반란Shays Rebellion[5] 등 각종 위기를 겪으면서 연방정부, 특히 행정부에 권한을 줘야 한다는 목소리가 높아졌습니다.

제임스 매디슨, 알랙산더 해밀턴 등 페더럴리스트 Federalists로 알려진 이들과 그 반대 세력Anti-Fedearlists은 논쟁을 이어갔습니다. 전자는 연방정부의 권한을 강화하고 주정부와의 균형을 이루는 새로운 뼈대가 필요하다고 주장했죠. 오늘날 헌법의 기초가 되는 안을 지지했습니다. 이들의 주장은 《연방주의자 논집The Federalist Papers》이라는 출판물을 통해 퍼졌습니다. 조지 메이슨, 새뮤얼 애덤스 등이 이끈 후자는 기존 연합규약 체제를 선호했습니다. 논의되는 새 헌법안이 통과되면 대통령은 제왕이 되고 사법부도 너무 비대해질 것이라 걱정했습니다. 연방정부가 민의에서 너무 동떨어질 가능성도 지적했죠. 정치적 타협으로 나온 게 현재의 헌법, 그리고 이 헌법이 규정한 연방제입니다. 이것이 바로 제2의 건국이라 할 수 있습니다.

이런 역사적 배경이 있으니 주정부의 위상이 높을 수밖에요. 새로운 헌법도 나라 주권을 연방정부와 주정부 사이를 양분했습니다. 우선 연방정부에 특정 책무를 일임하고 있습니다. 화폐 제조, 군대 창설과 유지, 각 주 간 상거래, 우체국 설치, 연방정부 창설, 그리고 국제조약 체결 등이죠. 이외의 것은 모두 주정부가 관리한다고 헌법은 명시하고 있습니다. 이러니 주정부의 책무는 아주 광범위합니다. 교육, 공공 안전, 법률, 지역 정부 관리, 지역 인프라 관리 등 주민 생활에 직접 관련된 일에 책임을 갖고 권력을 행사합니다.

시간이 지나면서 연방정부의 권한이 커지고 책임도 늘어나긴 했지만 아직 주권 이원화는 여전합니다. 2020년 코로나19 바이러스 감염증 대유행이 단적인 예입니다. 트럼프 행정부는 코로나19 사태를 주목하며 정치적 파장을 염려했습니다. 대유행이 되리라 예상은 했지만 연방정부 차원의 해결책은 전무했습니다. 이렇게 연방정부가 손을 놓고 있는 사이 주정부들이 바쁘게 움직이기 시작했죠. 한국계 아내를 두어 '한국 사위'로 유명해진 메릴랜드 주지사 래리 호건은 3월 5일 비상사태를 선포하고 12일 주방위군을 동원했습니다. 동시에 대규모 집회와 실버타운 방문을 금지했습니다. 이어 30일 식료품 구매 등 특수 상황 말고는 외출을 금지하는 명령을 내렸죠.[6] 실내에서 마스크 착용도 의무화했습니다. 더욱이 메릴랜드 주정부는 코로나19 진단 키트가 모자라자 한국에서 직접 구매해 화제가 됐습니다. 메릴랜드주는 이웃인 버지니아주, 워싱턴 DC와 대응을 조율했습니다. 뉴욕주, 뉴저지주 등 북동부 주들도 공동전선을 펼쳤습니다. 반면 네브래스카주 등 중부의 여러 주는 행동 제한이나 마스크 착용 의무화 등의 조치를 취하지 않았죠. 이동 제한을 서서히 푼 곳도 있었지만 텍사스주 등 여러 주는 4월 말 서둘러 풀어버리기도 했습니다. 연방정부의 존재가 없다시피 한 코로나 19 위기 상황에서 주정부 각각의 개성과 독립성이 그대로 드러났습니다.

주정부의 역사가 깊고 권한이 많으니 지방 정치도 중요할 수밖에 없습니다. 호건 메릴랜드 주지사가 언급된 김에 좀 더 이어가보죠. 호건 주지사는 참 특이합니다. 메릴랜드주가 민주당 텃밭인데 공화당 후보로 주지사가 됐으니까요. 메릴랜드주는 2020년 대선에서 민주당 바이든 후보가 65%의 표를 얻었습니다. 호건 이전에도 공화당 출신 주지사가 없지는 않았지만, 1970년 이후 딱 두 번밖에 없을 정도로 드뭅니다. 호건 후보는 이런 민주당 텃밭에서 안정적인 이미지로 공화, 민주 지지자 양쪽에 좋은 인상을 남겼고 적극적이고 친근한 캠페인을 펼쳤습니다. 2014년 주지사 선거에 민주당은 당시 부주지사였던 앤서니 브라운을 후보로 내세웠죠. 부주지사로서 이름을 이미 알렸고 민주당 출신이니 승리를 당연시했습니다. 그런 자만 때문인지 브라운의 캠페인은 부실하다는 평가를 받았고 민주당 지지자들로부터 호응을 얻는 데 실패했죠. 2014년 선거 결과는 호건의 신승으로 끝났습니다. 이후 호건 주지사는 민주당 텃밭의 공화당 주지사답게 대화와 협의를 통해 주 정치를 잘 이끌었다는 평가를 받았습니다. 대립이 없었던 것은 아니지만 말도 안 되는 정쟁, 감정적 대결은 거의 없었죠. 덕분에 지지율은 고공 행진을 계속했고 2018년 재선에 성공했습니다. 공화당 주지사 재선은 메릴랜드주 역사상 두 번째일 정도로 대단한 업적입니다. 민주, 공화 양쪽 지지를 받을 수 있는 정치인으로서 호건은 전국구 인물로 떠올랐습니다. 이는 좌우 대립이 심한 요즘 더 두드러졌습니다. 그 때문인지 공화당 반트럼프 측의 구애를 많이 받았죠. 2020년 대선 경선 당시 트럼프 대통령에게 맞설 공화당 후보로 여겨졌던 거죠. 트럼프의 위세가 워낙 강해 경선에 나서지는 않았지만, 그의 주가는 확 올랐습니다.

실제로 주지사는 대선 후보로 나서기 좋은 위치에 있습니다. 부시 대통령은 텍사스 주지사였죠. 지미 카터는 조지아 주지사였습니다. 호건의 주가는 코로나19 사태로 상한가를 쳤습니다. 마침 호건은 주지사 연합회 회장직을 맡고 있었죠. 공화당 정치인들이 트럼프의 영향력이 두려워 아무 말도 하지 못하고 있을 때 호건은 트럼프 행정부의 실패를 지적하곤 했습니다. 트럼프 대통령은 정책 비판을 자신에 대한 비난으로 보는 버릇이 있습니다. 그러니 모든 것을 정쟁화했죠. 그런 트럼프 측에게 공화당 주지사의 비판은 곤혹스러웠습니다. 게다가 호건의 정치력과 대중적 지지도가 높고 코로나19 사태에서 메릴랜드주가 상대적으로 선방했기에 호건의 비판에 더 무게가 실렸죠. 호건 주지사의 성공은 메릴랜드주가 갖는 특이한 정치 환경의 결과라고 할 수 있습니다.

메릴랜드주의 정치가 정치적 유연성, 실사구시의 예라면 캔자스주는 그 반대입니다. 캔자스주 출신 지역 정치인으로 잔뼈가 굵은 샘 브라운백은 2011년 캔자스 주지사가 됐습니다.[7] 브라운백 주지사의 대표적 업적은 아무래도 무시무시한 세금 감면 정책이죠. '세금을 감면하면 기업을 살린다', '자연히 세수가 늘고 정부 재정도 건전해진다'는 자유지상주의가[8] 그 바탕에 깔려 있습니다. 현실적으로 실천하기 어렵고, 이론적으로도 논란이 많기에 보통 주장으로 그치죠. 하지만 캔자스주는 좀 달랐습니다. 우선 정치적으로 굉장히 보수적인 지역입니다. 민주당 주지사가 간혹 나왔지만, 그 외 거의 모든 선출직은 공화당이 장악했죠. 민주당은 존재조차 미미합니다. 제2차 세계대전 이후, 민주당 대선 후보에게 딱 한 번만 표를 줄 정도였습니다. 게다가 캔자스주는 미국 최대 기업 중 하나인 코크 인더스트리즈 Koch Industries의 본거지입니다. 소유주 일가인 코크 집안은 자유지상주의 신봉자이자 이를 정치 세력화하기 위해 천문학적인 자금을 써왔죠. 곧 캔자스주는 자유지상주의를 정책화할 수 있는 정치적 조건을 갖춘 지역이었던 겁니다. 그 신호탄은 2013년 재산세 감면 정책이었습니다. 재산세는 현대 조세 정책의 기본입니다. 동시에 시장 신봉자들에게는 제1의 공적이기도 하죠. 브라운백 주지사는 갖은 우려에도 불구하고 개혁을 밀어붙였고, 2014년 이 정책은 결국 시행됐습니다. 결과는 참담했죠. 경제성장은 전혀 이루어지지 않았고 재정 적자만 눈덩이처럼 불어났습니다. 시행 첫해인 2014년 재정 적자가 7억 달러에 이르렀죠. 주 재정이 고갈되기 시작했고 교육, 보건 등 주정부 시설의 예산이 쪼그라들었습니다. 자연히 공공서비스의 규모와 질이 나빠졌죠. 사회 인프라의 붕괴는 경제를 오히려 위축시켰습니다. 그래도 브라운백 주지사는 물러서지 않았죠. 심지어 재선에 성공하기도 했습니다. 하지만 경기 불안이 계속되자 공화당 내에서조차 반대 목소리가 나오기 시작했고 당내 균열이 커졌습니다. 결국 2017년 주의회가 감세 정책을 철회하는 법안을 통과시켰습니다. 주지사는 거부권을 행사했지만 이를 뒤집을 정도로 캔자스 주민의 분노는 컸죠. 거의 70%가 브라운백 주지사를 반대할 정도였습니다. 정치 이데올로기적 경직성이 자초한 캔자스의 비극이었습니다.

메릴랜드주와 캔자스주의 예는 성공, 실패를 떠나 지역 중심으로 돌아가는 미국 민주체제의 단면을 잘 보여줍니다. 지역 정치는 주민들의 삶에 가장 직접적으로 영향을 미치죠. 그런 만큼 주민의 정치 참여 공간도 굉장히 넓습니다. 인구 변화에 따라 유동적이긴 하지만 미국에는 약 9만여 개의 지역정부가 있습니다. 50개 주정부를 시작으로 3000여 개의 카운티county, 2만여 개의 시City 등에 지역정부가 있으니까요. 거의 모든 수장을 선거로 뽑습니다. 의회도 있죠. 이뿐만이 아니라 판사, 검사, 보안관 등등 수많은 선거식이 있습니다. 여기에다 주민 의사를 물어보는 투표도 있습니다. '카지노 설치를 지지하냐', '마리화나 합법화를 지지하냐' 등등 주제도 다양하죠. 이런 미국 연방제는 정치적 다양성을 보장합니다. 수도인 워싱턴 DC는 흑인 인구가 다수를 차지하고 있습니다. 그래서인지 최근 시장 등 주요 정치인들은 흑인이 대부분이었죠. 진보 정치의 심장이기도 합니다. 총기 규제에도 적극적이고 대마초도 다른 주정부보다 훨씬 앞서서 합법화했습니다.

워싱턴을 가로지르는 포토맥강이 있습니다. 이 강의 남쪽은 버지니아주입니다. 워싱턴과 마주하고 있는 북버지니아 지역은 서울로 치면 강남, 영등포쯤 되죠. 한인 사회도 상당히 발달해 있고 한국 상가 밀집 지역에 가면 미국 같지가 않습니다. 이 지역을 조금만 벗어나면 들판, 옥수수밭이 성큼 나타납니다. 버지니아주 대부분이 이런 시골이죠. 워싱턴과 그 인근 지역과 달리 이곳은 보수적이고 백인 중심 사회입니다. 총기 판매와 소유도 굉장히 자유롭죠. 버지니아의 주도인 리

치먼드는 남북전쟁 당시 반군의 수도였습니다. 2020년 흑인 인권운동이 정점에 오르기 전에는 도시 한가운데에 남부군 장군들 동상이 줄지어 있었고, 반군을 기념하기도 했습니다(2020년 이 동상들은 철거되고, 훼손되기도 했습니다). 워싱턴 북쪽으로는 메릴랜드주가 있습니다. 이곳은 상대적으로 진보적 성향이 강합니다. 총기 규제도 까다롭고, 지방정부의 간섭도 많습니다. 메릴랜드주도 도심을 벗어나면 시골인 것은 마찬가지입니다. 하지만 면적이 작아 시골 보수세가 약합니다. 이 세 지방은 워싱턴을 중심으로 교통, 문화, 경제를 공유합니다. 그런데도 정치 성향은 서로 판이하죠.

지방정부의 다양성은 앞서 지적했듯이 건국 역사와 지방정부의 자주성이 반영된 모습이자 결과이죠. 동시에 한 지도자나 한 세력의 정치적 독재도 방지합니다. 아무리 인기가 많고 야심에 차 있어도 나라가 조각조각 나 있으니 독재자가 되고 싶어도 될 수 없지요. 페더럴리스트의 구상은 사실 인민의 독재 방지였습니다. 정치를 잘 알지 못하고, 감정적이고, 선동된 인민이 긴 안목으로 정치를 하지 못하고 그때그때의 감정으로 국정 운영을 하는 것을 방지하기 위함이었죠. 페더럴리스트의 반대편 세력은 중앙정부가 지방정부를 간섭하는 것이 두려웠습니다. 양측 모두 연방제라는 헌법의 틀에 합의할 수 있었던 배경입니다. 이는 야심 찬 지도자의 욕망을 꺾기에 충분했습니다. 심지어 트럼프 대통령마저도 말이죠.

트럼프 대통령은 미국 현대 정치사에서 가장 권위주의적인 사람입니다.[9] 독재자를 부러워했고 자신도 이를 꿈꿨죠. 트럼프의 비민주적 행태는 2020년 선거 후 가장 극명하게 드러났습니다. 명백한 선거 결과임에도 패배를 인정하지 않았습니다. 이뿐만 아니라 '부정선거다', '저들이 선거를 훔쳤다'라며 선거제도 자체를 부정하고 위협했습니다. 지지자들을 선동해 이런 반민주적 행태에 동참하라고 촉구했죠. 지지자들은 열광했습니다. 가짜 뉴스를 퍼 나르고, 거리로 뛰쳐나와 시위를 이어갔습니다. 위협과 무력시위도 서슴지 않았죠. 이 기세에 눌린 공화당 정치인들도 선거 결과를 받아들일 엄두를 내지 못했습니다. 미치 매코널 공화당 상원 원내대표는 트럼프 대통령이 필요한 모든 시간을 가져야 한다며 엄호 사격에 나서기도 했습니다. 국회의원들이 줄줄이 트럼프 지지를 표명했죠. 하지만 이런 광견의 기세도 모두를 굴복시키지는 못했습니다.

반란은 조지아주에서 일어났습니다.[10] 조지아주는 캔자스주처럼 공화당 텃밭이었습니다. 하지만 2020년 선거에서 민주당 바람이 거셌죠. 놀랍게도 민주당 후보인 바이든이 초박빙 승리를 거두었습니다. 두 후보가 얻은 총 500만 표에서 차이는 불과 1만 4000여 표였습니다. 트럼프 측에서는 우편투표가 부정이었다며 의혹을 제기했습니다. 증거는 없지만, 정치 공세를 늦추지 않았죠. 조지아주가 공화당 텃밭이었으니 정치적 기적이라도 기대할 법했습니다. 하지만 선거를 총괄한 브래드 라펜스퍼거 주 국무장관은 이를 일축했습니다. 그는 "선거 결과를 받아들여야 한다. …… 나도 공화당원이다. 선거의 공정성과 안정은 중요하다"고 말했죠.

트럼프 대통령은 당연히 분기탱천했습니다. 당장 조지아주를 겨냥한 트윗을 날렸습니다. 공화당 주지사를 탓하기도 했습니다. 공화당 지도자들도 라펜스퍼거의 사임을 요구했죠. 하지만 라펜스퍼거는 이를 거부했습니다. 트럼프도, 그 부하들도 그를 제거하고 싶어 안달이 났지만 발만 동동 굴릴 뿐이었습니다. 그는 연방정부 관리가 아니라 주정부 관리니까요. 연방정부와 주정부 사이의 깊고 넓은 강은 트럼프마저 넘지 못한 겁니다. 이렇듯 연방제와 이것이 포용하는 다양성은 미국의 중요한 민주체제의 기둥입니다.

행정부, 의회, 사법부의 확고한 분리

삼권분립은 연방제와 더불어 권력을 분산하는 미국의 주요 민주 기제입니다. 연방제가 권력의 종적 분립이라면 삼권분립은 횡적 분립입니다. 한국도 미국식 민주체제를 모델로 삼았기에 삼권분립에 익숙하죠. 하지만 생각만큼 삼권분립은 전 세계적으로 일반적이지는 않습니다.

　　유럽은 대부분 의원내각제를 민주체제의 기본으로 삼고 있습니다. 유권자는 의회 선거에 참어하면 끝이죠. 의석 배분이 되면 제1당을 중심으로 정부를 꾸립니다. 제1당이 과반을 차지하지 못하는 게 보통이므로 일반적으로 연합정부가 꾸려지죠. 연합정부를 꾸리기 위해 제1당은 연합에 참여하는 당의 지도자에게 각료 자리를 내줍니다. 이렇게 해서라도 의회 과반 지지를 얻어야 하니까요. 그래야만 정부 승인안이 통과됩니다. 그러다 누구 하나가 정부에서 나가버리면 곤란해지죠. 정부가 갖고 있던 과반의 지지가 무너질 수도 있으니까요. 이런 일이 심심치 않게 벌어집니다. 그러면 의회 선거를 다시 하는 게 일반적 수순입니다. 이렇듯 의회와 행정부는 밀접한 관계를 맺습니다. 의회가 정부를 고용한 셈이죠. 유권자는 여기에 개입하지 못합니다. 고용된 후에는 정부가 의회를 이끌고, 일을 잘하지 못하면 의회가 정부를 파면하기도 합니다. 2020년 일본 총리가 아베 신조에서 스가 요시히데로 바뀐 걸 기억하시지요? 이 교체에 대해 유권자는 불만이야 있겠지만 한마디도 하지 못했습니다. 집권 자민당 내에서 결정하면 끝이니까요. 자민당의 정권은 유지되지만 정부는 바뀐 경우였습니다. 야당이 반대야 하지만 말 그대로 수적으로 열세이니, 이를 막을 길도 별로 없습니다. 게다가 법원의 정치적 위상도 크지 않습니다. 즉 행정부, 입법부, 사법부의 엄격한 분리와 서로 견제하는 제도는 굉장히 미국적이죠.

의회Congress로 불리는 미국의 입법부는 아주 흥미로운 곳입니다. 입법과 예산을 주관하는 면에서 한국의 국회와 다르지 않죠. 하지만 그 역사와 구성은 완전히 다릅니다. 우선 주정부의 위상이 잘 녹아 있습니다. 건국 초에는 의회가 최고 권력 기관이었습니다. 행정부는 존재가 미미했죠. 의회는 전쟁을 선포할 수 있었고, 외교와 원주민들과의 무역을 담당했습니다. 그러다 제2의 건국을 통해 지금의 헌법이 쓰이며 삼권분립을 명시했죠. 의회는 상원, 하원으로 나누어놓았습니다. 이 양원제의 근원 또한 당시 정치적 배경과 떼어놓을 수 없습니다. 버지니아주, 펜실베이니아주 등 인구가 많은 곳은 의석 배분을 인구수에 비례해 분배해야 한다고 주장했습니다. 인구가 많으니 의석을 많이 차지해야 한다는 논리였죠. 뉴저지주, 델라웨어주 등 인구수가 적은 곳은 이를 받아들이지 않았습니다. 양측 간의 긴장은 높아졌고 이곳들은 연방에서 나가겠다고 위협했습니다. 이들은 간신히 '대타협Great Compromise'을 이루었습니다.[11] 양원제가 그 해답이었죠. 하원은 큰 주들의 바람대로 의석을 주 인구수에 비례해 배분했습니다. 상원은 작은 주의 주장을 반영해 인구수와 상관없이 모든 주가 두 명씩 의원을 선출하기로 했습니다. 상원의원 선출도 지금이야 일반 투표로 하지만 애초에는 주의회에서 선출했죠. 말 그대로 주정부의 목소리를 대표하는 곳이었습니다.

미국의 18세기 정치적 배경 덕분에 의회가 양분되긴 했지만, 입법, 행정부 감독 등 기본적 권한은 양원이 비슷합니다. 하지만 의회 안에서도 권력 분배가 이루어지죠. 법안이 통과되기 위해서는 양원을 다 통과해야 합니다. 양측의 법안이 서로 다르면 양원협의회 Conference Committee를 열어서 합의안을 찾죠. 합의안을 찾는 경우도 많지만 그렇지 못하는 경우도 허다합니다. 특히 각기 다른 당이 상원과 하원의 다수를 차지하면 합의가 쉽지 않죠. 합의는커녕 정쟁으로 번지고 맙니다. 2018년 민주당이 하원을 장악하면서 공화당이 다수인 상원과 공화당 소속 대통령이 있는 백악관과 계속 충돌했습니다. 대표적 충돌이 제2차 코로나19 재정 지원 법안이었습니다. 하원은 2조 달러가 넘는 부양책을 통과시켰지만, 공화당 상원 원내대표인 매코널은 이를 받아들일 수 없다며 부결시켰습니다.

한국에서 국회의원들이 싸움만 한다고 비난받지

만, 이는 한 곳에서만 벌어지죠. 미국에선 무려 세 군데에서 벌어집니다. 하원, 상원, 그리고 상원과 하원 사이에서요. 일이 안 되기 시작하면 끝도 없습니다. 효율성 면에서는 엄청나게 떨어지죠. 하지만 권력의 분립과 이를 통한 불확실성의 보장이라는 면에서는 돋보입니다. 트럼프와 상원이 밀어붙인 국경 장벽도 민주당 소속 낸시 펠로시 하원의장의 반대로 결국 초라한 꼴로 끝이 났습니다. 트럼프로서는 애가 탔지만 어쩔 수 없었습니다. 오바마 대통령도 비슷한 처지에 처한 적이 있습니다. 공화당이 상원의 다수를 차지하자 발목이 잡혔죠. 2016년 2월 오바마 대통령이 신임 대법관에 메릭 갤런드를 지명하자, 공화당 상원의원들은 그를 면담조차 하지 않았습니다. 9개월 뒤 대선이 있으니 다음 대통령이 지명하는 게 맞다는 억지였습니다(갤런드는 2021년 바이든 정부의 초대 법무부 장관으로 임명되었습니다). 이렇게 삼권분립 장벽은 정말 높습니다. 상·하원의 분립을 들어 삼권이 아닌 사권분립으로 보기도 합니다.

　　상원과 하원은 각각 고유 권한이 있습니다. 하원의 고유 권한으로는 예산안 제출, 정부 인사 탄핵, 대통령선거인단 득표 동률시 대통령 선출 투표권 등이 있습니다. 2019년 트럼프 대통령은 권력 남용과 조사 방해 혐의로 탄핵된 바 있죠. 바로 하원에 의해서였습니다. 상원의 고유 권한으로는 대통령 지명 인사 동의, 국제

조약 승인 등이 있습니다. 탄핵당한 대통령이 심사받는 곳도 상원입니다. 2020년 트럼프 대통령도 상원에서 심판을 받고 무죄가 확정됐죠. 두 번째 탄핵에서도 똑같은 일이 이어졌습니다(트럼프는 미국 역사상 두 번 탄핵당한 최초의 대통령입니다).

이런 제도적 차이 외에 잘 보이지 않는 점도 있습니다. 미국에서 선거는 2년마다 열립니다. 대선이 있는 해(2020년)와 없는 해(2018년, 2022년)가 번갈아 지나갑니다. 대선이 없는 해의 선거를 보통 중간선거라고 부르죠. 하원의원의 임기는 2년이고, 2년마다 모든 의석에서 선거가 열립니다. 이 선거는 인구에 따라 지역구에서 치르고 최다 득표자가 승리합니다. 상원의원 선거는 이와 다릅니다. 주마다 두 자리씩 배정되어 있고, 임기도 6년으로 길죠. 선거도 100석 전부를 한꺼번에 뽑는 게 아니라 선거 때마다 3분의 1 정도만 뽑습니다. 보통 33석의 선거가 치러지는데 2020년에는 2개의 특별선거를 포함, 총 35석에 선거가 있었습니다. 상원의원이 되면 하원의원과는 달리 여유가 있습니다. 당장 다음 선거가 멀리 있으니까요. 게다가 주 전체를 대표하니 특정 세력만 옹호하기가 힘듭니다. 보수적 도시도 있고 진보적 도시도 있죠. 아무래도 정치적 타협이 필요하고, 이를 이룰 시간적 여유도 있는 셈이죠. 또 전체 상원의원 100명 중 1명으로서 지명도가 상대적으로 높아, 정치적 야망도 큽니다. 그래서 상원의원은 모두 잠재적 대권 주자라고 볼 수 있죠. 그러니 좀 더 신중할 수밖에요.

반대로 하원의원은 화합과는 거리가 멉니다. 임기가 2년이고, 작은 지역구를 대표하니 특정 목소리를 대변할 가능성이 크죠. 보수적인 곳에서 당선되면 보수에, 진보적인 곳에서 당선되면 진보에 자신의 모든 걸 쏟아붓습니다. 바쁘고 이데올로기가 경직된 만큼, 조직적으로 움직입니다. 조직의 힘에 의해, 그 입김에 의해 움직이는 게 하원의원이죠. 이런 구조적 이유로 정치적 바람에 잘 흔들립니다. 자유지상주의를 외치며 조직된 티파티 운동Tea Party movement은 2010년 중간선거에서 공화당 하원의원을 당선시키는 데 막대한 역할을 했습니다. 공화당 후보 대부분이 티파티 운동에 동조하거나, 이를 지지하는 지지자였습니다. 티파티 운동의 지지를 받은 하원의원 후보 130명 중 40명이 당선됐다는 조사도 있습니다. 신생 조직으로서 상상도 할 수 없는 성과를 올린 셈이었죠. 그 배경에는 코크 인더스트리즈의 지원 등도 있었지만 하원이라는 구조적 요인도 작용했습니다.

2020년의 비슷한 예라면 큐어넌QAnon을 들 수 있습니다.[12] '큐'라는 신원 미상의 지도자를 따르는 이들은 좌파, 정·재계 엘리트들이 아동 성 학대를 일삼고 있다고 믿고 있죠. 이런 혼란한 세상을 구원하기 위해 트럼프가 왔고, 트럼프는 정부 관료, 엘리트들을 상대로 성전을 벌이고 있다는 음모론을 따릅니다. 이런 트럼프 광신자들이 밀집한 지역에서 큐어넌 후보가 공화당 후보가 됐고, 선거에서 승리해 하원의원으로 워싱턴에 당당히 입성하는 당황스러운 일도 벌어졌죠. 상원의원 선거에서는 상상하기 힘든 일입니다.

　미국 헌법은 의회가 정치권력의 중심임을 확실히 밝히고 있습니다(1조). 법치국가를 추구했으니 법을 만드는 입법부가 중요할 수밖에요. 당연히 행정부, 사법부를 견제하는 권력을 가지고 있습니다. 법안 거부권 행사, 예산 심의·승인 등은 한국의 국회와 크게 다르지 않습니다. 대통령이 지명한 후보자를 검증하는 일을 하는 것도 비슷하죠. 오바마 대통령의 대법관 지명에서 보듯, 대통령의 고위 관리 지명권을 통제할 수 있습니다. 갤런드 판사의 경우는 극단적인 예였지만, 의회는 청문회를 통해 엄격한 검증, 토론, 투표 등의 과정을 통해 행정부를 견제합니다. 공화당이 다수를 차지하고 있음에도 상원은 트럼프의 장관 지명자를 낙마시키기도 했죠. 2017년 앤드루 퍼즈더 노동부 장관 후보는 부도덕한 추문, 2018년 로니 잭슨 보훈부 장관 후보는 자질 미달로 사퇴시켰습니다. 트럼프 탄핵 청문회 경우에서 보듯 의회는 청문회를 통해 행정부를 감시하고 대통령

등 고위 공직자를 해임할 수 있죠. 물론 이 경우에서 보듯 해임까지 가기는 쉽지 않습니다. 하지만 정치적으로 수세에 몰리고 위축이 되는 것은 어쩔 수 없죠. 심지어 트럼프 대통령도 그랬으니까요.

미국 삼권분립의 가장 큰 특징은 사법부, 특히 대법원의 권력입니다. 대법관은 우선 종신제입니다. 대통령 추천, 상원의 동의를 통해 임명되면 본인 외에는 아무도 임기의 끝을 결정할 수 없습니다. 2020년 진보와 여성운동의 상징인 루스 베이더 긴즈버그가 87세로 사망하며 공석이 생겼죠. 그는 1993년 클린턴 대통령이 임명했습니다. 그러니까 무려 27년을 대법관으로 자리를 지켰죠. 나이가 있고 크고 작은 병치레도 했기에 건강에 대한 걱정이 있었지만, 끝까지 대법관으로서 책무를 다해 많은 존경을 받았습니다. 스스로 은퇴하는 경우도 많죠. 이래저래 대법관은 평균 16년을 근무한다고 합니다.[13] 그러다보니 이들 하나하나가 내리는 결정이 중요할 수밖에 없습니다. 특히 대통령의 결정, 의회 법안의 합헌 결정judicial review은 정치적으로 굉장히 중요합니다. 이를 통해 법원은 행정부, 입법부의 법적 제약을 명시하고, 개인의 권리를 보호합니다.

예를 하나 들어보죠. 1994년 폴라 존스는 전 아칸소 주지사이자 당시 대통령이었던 클린턴을 성희롱 혐의로 고소했습니다. 법정 공방 끝에 대법원은 대통령이라고 해도 민사소송에서 면책특권을 누릴 수 없다며 선을 그었죠.[14] 행정부의 수장이자 나라의 대표인 대통령이지만 그 힘에는 한계가 있음을 보여줬습니다.

2015년에는 동성결혼이 합헌이라는 결정을 내렸고, 이 덕분에 수도 워싱턴과 36개 주에서만 허용됐던 동성결혼이 미국 전역에서 허용되었습니다. 사랑하고 결혼할 권리를 보장해준 것이죠. 여성에게 임신중단을 할 권리가 허용된 것도 대법원의 1974년 결정 때문이었습니다. 사회 변화를 대법원이 인지하고 이를 따른 것입니다.

그렇다고 대법원이 여론이나 사회 변화를 꼭 따르는 것은 아닙니다. 다수가 원하지만 이에 반하는 결정을 내릴 때도 있죠. 2008년과 2010년 총기 소유에 관한 결정이 그 예입니다. 총기 소유 규제를 지지하는 목소리가 다수이지만 대법원은 헌법이 명시한 총기 소유의 자유가 더 소중하다고 했습니다.[15] 수정헌법 2조는 "잘 규율된 민병대는 자유로운 주State의 안보에 필수적이므로, 무기를 소장하고 휴대하는 인민의 권리는 침해될 수 없다"고 밝히고 있습니다. 이를 이용해 총기 소유자들은 워싱턴과 시카고시 당국의 총기(특히 권총에 대한) 규제는 이 헌법적 권리를 침해했다고 주장했죠. 법정 싸움 끝에 대법원은 총기 소유자들의 손을 들어줬습니다. 게다가 그 권리가 "민병대", "인민"뿐 아니라 개인에게도 있다고 최초로 명시한 덕에 정부의 총기 규제 노력은 큰 타격을 받았죠.

이렇게 대법원의 판결은 정치적, 사회적으로 큰 영향을 끼치기에 정치적 공방의 장이 되기도 합니다. 트럼프 대통령과 공화당은 오바마 케어로 알려진 의료 보험의 정부 지원 프로그램을 대법원까지 몰고 갔습니다. 이 법안이 논의될 때부터 공화당은 무조건 반대하는 입장이었습니다. 2010년 통과가 되고 정착했을 뿐 아니라 인기도 많지만, 공화당은 아직도 이 법을 없애지 못해 안달이죠. 지루한 법적·정치적 공세를 끈질기게 펼쳤습니다. 2017년까지 공화당 의원들은 오바마 케어를 무력화하거나 약화하려는 법안 투표를 약 70번이나 강행했습니다.[16] 모두 실패했죠. 하다하다 안 되니 대법원까지 갔는데도 대법원은 또다시 합헌 결정을 내렸습니다

정치적인 싸움이 법정으로 번지고, 법원에서 최종 승부가 나는 이런 일은 굉장히 미국적입니다. 다른 나라에서도 없는 일은 아니지만, 그 빈도와 범위, 그리고 정치적 논란에서 미국 대법원은 단연 독보적 존재죠. 그렇다보니 대법원이 정치에 너무 관여한다는 비판이 나옵니다.[17] 대법관의 임기를 두어 정치적 논란을 줄이자는 주장도 있습니다. 이래저래 대법원을 두고 정치 논란은 끊이지 않습니다. 물론 대법원만 그런 것도 아

닙니다. 2018년 선거처럼 상·하원의 다수당이 서로 다르면 의회는 굉장히 무기력해집니다. 간단한 법안 처리도 힘들죠. 코로나19 사태 재정 지원의 예에서 보듯 경제가 나락으로 떨어질 위기가 되어야 간신히 움직일 정도입니다. 주정부는 연방정부를 탓하고, 연방정부는 주정부를 비판합니다. 상원과 하원도 서로를 비난하고, 대통령은 이런 의회를 욕합니다. 그러니 비판과 불만의 목소리가 계속됩니다. 하지만 이런 논란은 동시에 정치 권력이 확고히 분산되어 있다는 걸 보여주죠. 민주체제가 권력의 분리, 이를 통한 불확실성의 증가가 그 핵심임을 고려하면 미국 민주체제의 깊이를 역설적으로 알 수 있습니다.

2장

거의 모든 걸 선거로 뽑는다: 권력의 근원

한국과 미국의 민주체제는 큰 틀에서 비슷합니다. 한국
도, 미국도 선거를 통해 대통령과 국회의원을 뽑죠. 두
나라 모두 대통령이 행정의 수장이고 나라를 대표합니
다. 의회의 주요 기능도 입법을 하고 행정부를 견제한
다는 점에서 닮았습니다. 한국과 미국은 사법부의 독립
을 중시해 삼권분립을 이루고 있죠. 또한 두 나라 모두
선거가 민주체제의 축이라는 점도 비슷합니다. 하지만
제도적으로는 차이점이 많습니다. 두 나라의 정치판이
서로 완연히 다른 이유이기도 합니다. 이 장에서는 미
국 선거의 특색을 살펴보고 미국의 민주체제를 평가해
보겠습니다.

이상하고 특별한 대통령 선거

미국 대선은 여러 면에서 특이합니다. 가장 큰 건 대통령 선거가 간접선거로 이루어진다는 점입니다. 한국사에서도 이런 경우가 있었죠. 박정희도, 전두환도 동일주제국민회의 대의원에 의해 간접선거로 대통령이 됐습니다. 미국 대선은 대의원, 즉 선거인단을 유권자가 뽑습니다. 유권자는 지지하는 대통령 후보 이름 옆에 펜으로 표시하죠. 각 주의 최다 득표 후보가 그 주의 선거인단 표를 다 가져갑니다(다른 주들과 달리 메인주와 네브래스카주는 선거구의 득표율에 따라 선거인단을 나누어 갖습니다). 선거인단의 표는 주의 인구수에 따라 결정됩니다. 인구가 많은 주는 선거인단 표도 많고, 인구가 적으면 표도 적습니다. 주별로 선거인단을 뽑는 간접선거인 셈입니다.

2020년 대선 때 전 세계의 이목이 펜실베이니아주로 모였죠. 우편투표가 많아 개표가 지연됐고 펜실베이니아주를 비롯한 몇몇 주는 집계가 며칠이나 늦어졌기 때문입니다. 그중 펜실베이니아주는 박빙에 선거인단 표도 제일 많이 걸려 있었습니다. 무려 20표로 말이죠. 여기서의 결과가 사실상 대선 승부를 가를 판이었습니다. 개표 초반 한참 뒤지던 바이든 후보가 개표 3일 만에 역전해, 결국 득표율 1.2% 차 박빙의 승리를 거뒀습니다. 덕분에 결정적인 20표를 가져갈 수 있었죠.[1] 2016년에는 트럼프가 이겼던 곳이라 더 극적이었죠. 미국 대선 선거인단 표가 총 538표이니, 270표를 넘게 득표하면 승자가 됩니다. 11월 선거를 통해 뽑힌 선거인단들이 모여 12월에 형식적 선거를 치릅니다. 하지만 놀랍게도 선거인단이 자기 주의 선거 결과를 따르지 않을 수도 있습니다. 법적으로 이를 막는 주도 있지만 대부분 제약이 없죠. 2020년 대선이 끝난 듯 끝나지 않은 것으로 보인 데에는 미미하게나마 이런 가능성이 남아 있어서였습니다.

선거인단 분포는 묘한 정치적 파장을 남깁니다. 펜실베이니아주의 표가 20표인데, 많은 축에 속합니다. 캘리포니아주(55표), 텍사스주(38표), 뉴욕주·플로리다주(29표) 등이 제일 표가 많죠. 반대로 알래스카주·버몬트주(3표), 하와이주·뉴햄프셔주(4표) 등은 적은 편입니다. 지도를 보면 알래스카주가 면적이 제일 넓습니다. 하지만 인구가 적으니 선거인단 표가 3표밖에 없죠. 그뿐 아니라 보수 성향이 아주 강해 공화당이 늘 이깁니다. 그러니 대선이 아무리 뜨거워도 대선 후보가 알래스카를 찾는 일은 거의 없습니다. 선거운동을 하나 마나 공화당 지지가 보장돼 있으니, 공화당 후보도, 민주당 후보도 그 먼 곳을 찾아가지 않죠. 이런 슬픈 운명은 캘리포니아주도 비슷합니다. 55표나 달려 있으니 치열한 경합이 벌어질 것 같죠. 하지만 여긴 반대로 민주당 성향이 워낙 뚜렷해 대선 주자가 관심을 두지 않습니다. 텍사스주는 반대로 공화당 텃밭이라 관심을 못 받습니다.

이래저래 대선 주자들의 관심은 선거인단 수도 많고 한쪽에 치우쳐 있지 않은 주로 향합니다. 플로리다주·펜실베이니아주·미시간주(16표) 등이 그렇습니다. 2020년에도 소위 경합주로 불리는 이곳들에 바이든, 트럼프 양측 유세단들이 몰렸습니다. 이런 지역의 당면 과제가 캘리포니아, 뉴욕 등 표 수가 훨씬 많은 주보다 더 큰 관심을 받죠. 셰일가스Shale gas가 대표적입니다. 셰일가스 개발 덕에 미국은 제1의 산유국이 됐습니다. 펜실베이니아주는 그 중심축이죠. 그 덕택에 경제가 활성화됐고 고용도 크게 늘었습니다. 2차 산업 후퇴로 고민하던 펜실베이니아주로서는 축복이었죠. 문제는 환경오염입니다. 물로 흙을 분쇄하며 가스를 뽑아내니 물이 많이 필요하고, 물에 탄 약품으로 토질오염도 심각합니다. 게다가 이렇게 뽑아낸 틈 안으로 지층이 밀려들어가면서 지진도 발생했습니다. 환경보호를 주장하며 트럼프와 대척점에 서려는 바이든 후보는 난처했죠. 반드시 잡아야 하는 펜실베이니아주 유권자들의 심기를 건드릴 수는 없으니까요.[2] 결국 그는 기후변화를 막아야 한다면서도 셰일가스 개발에 애용되는 수압

파괴 공법은 반대하지 않는다는 어정쩡한 자세를 취했습니다. 이런 약점을 트럼프 대통령은 펜실베이니아주에서 물고 늘어졌습니다. 바이든이 집권하면 셰일가스 사업은 끝장나고 지역 경제도 엉망이 될 것이라고 주장했습니다.[3] 반대로 캘리포니아주의 물 부족 문제, 하와이주의 미국 최악의 홈리스 문제 등은 전혀 주목을 받지 못했습니다.[4] 대선 유세에 이슈가 되고 안 되고는 이런 정치적 지형과 크게 관련이 있습니다.

　간접선거로 이루어지는지라 엉뚱한 사람이 덕을 보는 경우도 있습니다. 2016년 대선 때, 트럼프는 306표를 얻어 232표를 얻은 힐러리 후보를 이겼습니다.[5] 하지만 유권자 득표에서는 힐러리가 65,853,625표 (48.0%)로 62,985,106표(45.9%)에 그친 트럼프를 크게 앞질렀죠. 290만 표나 차이가 났습니다. 직접선거였다면 힐러리가 명확한 승자였죠. 선거인단 표를 봐도 정말 아슬아슬했습니다. 펜실베이니아주는 당시에도 경합 지역이었습니다. 트럼프가 48.2%를 얻어 47.5%를 득표한 힐러리를 이기며 펜실베이니아주의 20표를 모두 가져갔습니다. 더 작은 표차로 승부가 갈린 곳도 있었죠. 플로리다주 1.2%, 위스콘신주 0.7%, 미시간주 0.3%. 이 중 미시간, 플로리다 두 곳만 힐러리 후보가 이겼어도 결과는 뒤집혔을 겁니다. 트럼프 대통령의 정당성에 작지 않은 상처를 남겼죠. 본인도 수백만 표가 불법적으로 포함됐다면서 그게 아니었으면 자기가 더 많은 표를 얻었을 거라며 억지를 부렸습니다. 자신도 신경이 쓰였던 것이죠.

이렇게 유권자 표심과 선거 결과가 갈리는 게 2016년 대선이 처음도 아니었습니다. 2000년 대선에서 노 부시 후보가 적은 표(47.9% 내 48.4%)를 받고도 많은 선거인단 표(271 대 266)를 받아 대통령이 됐습니다. 이런 제도를 만든 것도 신기하고, 이런 일이 되풀이되는데도 바꾸지 않고 가만히 두는 것도 이상합니다.

헌법을 쓰던 당시 이루어진 정치적 타협이 간접선거 도입의 배경입니다. 주정부 권력을 놓지 않으려던 세력이 있었죠. 이들은 의회가 대통령을 뽑아야 한다고 주장했습니다. 반대편에서는 직접선거를 원했죠. 이 둘의 타협안이 지금의 제도입니다.[6]

이는 앞서 논의한 미국 독립 시기의 정치 배경과 맞닿아 있습니다. 하지만 한 걸음 더 들어가보면 미국의 가장 아픈 상처가 깃들어 있죠.[7] 바로 노예제도입니다. 미국 건국 당시 노예의 90%가 남부 다섯 주에 몰려 있었습니다. 남부 인구 중 약 3분의 1이 노예였죠. 그러니 대통령을 직접선거로 뽑으면 남부가 질 것은 뻔했습니다. 노예는 말 그대로 노예로서 선거권은 고사하고 인간 취급도 못 받았으니까요. 남부 지도자들은 적은 인구 때문에 정치적 주도권을 놓칠 것을 우려했습니다. 이를 어떻게든 조정할 여지가 있는 간접선거를 주장했던 것이죠. 결국 남부의 억지가 먹혔습니다. 노예 1명을 5분의 3명으로 계산해 인구를 세기로 하고 연방 의회를 받아들였습니다. 이렇게라도 노예의 수를 인구 수 계산에 넣음으로써 남부 인구를 부풀렸죠. 더해진 흑인 인구수만큼 남부 백인 남성 표의 영향력이 과도하게 늘어났습니다. 이를 기본으로 대통령 선거도 선거인단 투표라는 이상한 제도에 합의하게 된 겁니다. 이렇게 보면 미국 정치제도의 바탕에는 노예제와 이를 유지하려는 남부의 욕망이 깊고 어둡게 깔려 있는 셈이죠.

이런 선거제도를 고치려는 시도가 없지는 않았습니다. 특히 2000년 대선 이후 이에 대한 논란이 많았죠. 지금의 제도를 지지하는 이들은 이 덕분에 작은 주들이 주목을 받는다며 선거제도를 고치지 말자고 합니다. 오하이오주 같은 곳이 주목을 받는 것은 맞습니다. 인구가 적고 시골이어도 승부가 확실치 않은 곳이니까요. 반대로 캘리포니아주, 텍사스주 등 사실상 승부가 명확히 정해지는 곳은 선거전에서 제외되다시피합니다. 2020년 대선만 보더라도 캘리포니아주에서는 1700만 표, 텍사스주에서는 1100만 표가 나왔죠. 웬만한 나라의 투표 수보다 많은 숫자입니다. 그런데 정작 대선에서는 주목을 받지 못하는 겁니다. 이 상황을 더 정확히 말하자면 펜실베이니아, 플로리다 등 접전이 벌어지는 주 유권자가 너무 과도한 주목을 받고, 다른 지역의 유권자 대부분은 조명을 받지 못하는 것이죠.

게다가 이 제도는 흑인의 정치력을 위축시키기도 합니다. 흑인 인구 비율이 가장 높은 주는 미시시피, 루이지애나, 조지아 등 남동부 주들입니다. 보수적이고 공화당 성향이 아주 강하죠. 그래서인지 대선 때마다 공화당 후보로 선거인단 표가 몰려버립니다. 이 때문에 이 지역에서는 민주당 성향이 강한, 수많은 흑인 표는 사표가 되어버리죠. 노예제도로 시작된 선거제도가 수백 년이 지난 지금도 이들의 목을 조르고 있는 형국입니다. 이런 면에서 2020년 대선에서 조지아주의 결과를 주목할 필요가 있습니다. 조지아주의 흑인 인구는 전체 인구의 30%이지만 늘 공화당이 표를 가져갔습니다. 하지만 이번엔 달랐죠. 혜성같이 등장한 정치 신인 스테이시 에이브람스는 흑인을 비롯한 비백인 유권자(한인 인구도 많은 주입니다) 투표 독려에 전력을 쏟아부었습니다. 이 노력은 비백인계와 민주당 유권자의 뜨거운 선거 참여로 이어졌습니다. 결국 조지아주는 지미 카터 이후 처음으로 민주당 대선 후보에게 표를 주게 됐죠. 놀라운 승리지만 한편으론 흑인의 정치력 발휘가 얼마나 어려운지도 보여주는 사례입니다. 사표가 되는 사정은 흑인만의 문제는 아닙니다. 캘리포니아주 등 진보적 서부에 사는 공화당의 표도 사표가 되니까요. 이래저래 문제도 많고 탈도 많지만, 헌법을 종교처럼 신성시하는 풍토가 강하니 이 제도를 쉽게 고치지는 않을 것 같습니다.

정치적으로 지역구 그리기

미국 국회의원 선거도 대선 못지않게 특이합니다. 선거 자체는 한국과 다를 바 없습니다. 지역구 선거에서 제일 많이 득표한 한 명이 승자가 되죠. 특이점은 지역구입니다. 연방정부는 10년에 한 번씩 인구조사를 합니다. 이 조사에 맞춰 보통 주의회가 각 주의 지역구를 조정하죠. 인구가 증가하는 지역에는 의원 수를 늘리고 인구가 감소하는 지역은 줄입니다. 원칙적으로 그렇습니다. 문제는 지역구 조정에 정치적 계산이 개입된다는 점입니다. 주의회, 즉 주의회의 다수를 차지하고 있는 당에 유리하게 조정되죠. 정치인들에게 이 일을 맡겼으니 당연한 결과라고 할 수 있습니다. 이렇게 조정 또는 조작된 지역구는 선거의 정당성을 훼손할 수밖에 없죠. 더구나 국회의원은 한 지역을 대표하는데 그 지역구가 너무 쉽게 바뀌고, 지역구가 이상하게 그려져서 대표성을 떨어뜨립니다. 지역 역사, 행정구역, 주민 정서 등을 무시한 채 자기 당 승리를 위해 말도 되지 않

는 지역구를 만들기도 하니까요.[8]

　　미국 동쪽 해변 최남단 플로리다주 22개 지역구는 긴 작대기 하나를 세워놓은 모양입니다. 행정구역상으로도 브로워드 카운티를 시작으로 팜비치 카운티 북쪽 끝을 지나 웨스트팜비치 카운티 일부, 팜비치가든 카운티 일부 등을 거쳐 내려갑니다. 해변으로 유명하고 은퇴지로도 인기가 높죠. 경제적으로 여유가 있는 백인 은퇴자들이 모입니다. 이 지역들을 한 지역구에 몰아넣은 것이죠. 공화당 표가 안정적으로 나오길 기대한 겁니다. 일정 지역에 지지자 수가 아주 많으면 이를 갈라 여러 지역구에 퍼뜨려 승리를 노리기도 하죠. 반대쪽 지지자가 많은 지역은 갈가리 찢어놓습니다. 이를 주변 지역구들로 분산해 그 정치력을 희석시키기 위함입니다. 반대표를 한 지역구에 싹 다 몰아넣고 나머지 지역구는 지지자들로 채우기도 합니다.[9]

　　이런 정치 공작을 게리맨더링gerrymandering이라고 하죠. 지도 기술이 발달하고 유권자 성향 파악도 더 정밀하게 진행되면서 게리맨더링 또한 더 정교해지고 공격적으로 되고 있습니다. 공화당, 민주당 모두 이 일에 바쁘지만, 공화당이 더 노골적이고 광범위한 노력을 펼치죠. 여기에는 인구 변화에 민감할 수밖에 없는 사정이 있습니다. 공화당은 백인 지지가 중요합니다. 하지만 백인 다수의 지위는 위협받고 있습니다. 특히 전통적으로 우세인 남부에서 흑인과 남미 이민자 유입이 늘어나면서 정치적 위상이 흔들리고 있죠. 다급한 공화당으로서는 게리맨더링이라도 공세적으로 할 수밖에요. 게리맨더링은 실제로 공화당에 유리하게 작용합니다.

2018년 노스캐롤라이나주 하원의원 선거를 살펴보죠. 주 전체에서 공화당 후보들은 총 50%의 표를 얻었습니다. 선거가 공정했다면 하원 총 13석 중 절반인 6석 또는 7석을 차지하는 게 맞죠. 하지만 무려 9석(70%)을 얻었습니다. 노스캐롤라이나주는 게리멘더링으로 악명이 높습니다. 그 명성에 걸맞게 왜곡된 결과가 나온 것이죠.[10] 역사적 자료를 보면 2010년까지 공화당의 의석 비율과 득표 비율은 비슷합니다. 하지만 인구조사가 있었던 이 해를 기점으로 의석 비율은 득표 비율을 앞서게 되죠. 노스캐롤라이나주만의 일도 아닙니다. 플로리다주, 미시간주, 펜실베이니아주 등 격전지일수록 게리맨더링이 심합니다. 공화당 의석 비율이 심하게 늘어나죠.[11] 너무 노골적인 경우, 법원이 개입해 선거구를 다시 그리라고 명하기도 합니다. 여론에 압박을 받기도 하고요. 하지만 조정하는 척만 할 뿐, 왜곡과 조작은 쉽게 수그러들지 않습니다. 민주체제의 근간인 불확실성을 낮추니 위험합니다. 염치없고 노골적이지만 합법적이라 더 큰 문제죠. 민주주의의 수호자라고 빼기는 미국의 창피한 구석입니다.

많고 잦은 선거, 유권자도 고달프다

미국 선거의 특징 중 하나는 선출직이 많다는 점입니다. 국회도 양원제로 상원 100석, 하원 435석으로 총 535석이 있습니다. 하지만 이는 연방의회의 숫자일 뿐이죠. 주정부로 가면 주지사, 부주지사 선거가 있습니다. 이외에 선거 담당Secretary of State, 법무 담당Attorney General, 재정 담당Treasurer도 선거로 뽑습니다. 여기에 교육감Superintendent, 농업 담당Agriculture Commissioner, 보험감독관insurance Commissioner 등 주 특징에 따라 다양한 선출직이 있습니다. 판사, 검사도 선거로 뽑습니다.

한국 시각으로 보면 참 신기하죠. 어떤 선출직은 미국 사람들마저도 신기하게 봅니다. 루이지애나주의 토지/수자원 관리자Soil and water conservation district supervisors, 플로리다주의 모기 퇴치 위원Mosquito control district board members, 이동주택 관리 위원Mobile home park recreation district trustees, 텍사스주의 하수 관리 위원Drainage district commissioners 등 지역민도 선거 때가 아니면 잘 모를 선출직이 많습니다.

주의회도 뽑아야죠. 연방의회처럼 상·하원이 있는 주도 있고 한국처럼 단원제를 쓰는 주도 있습니다. 이렇게 주 차원에서만 약 1만 8000개의 선거직이 있습니다. 여기에다 도시, 카운티 등 소위 지역정부local government에도 선거직이 있습니다. 시장, 시의원 등등이죠. 이게 또 엄청납니다. 이를 다 더하면 그 숫자는 무려 54만 개입니다. 이 숫자도 10년이 넘은 조사이니 2020년 현재 60만 개 가까이 되리라 짐작합니다.[12] 인구가 3억 3000만 명에 성인 인구는 약 2억 7000만 명입니다. 그렇다면 성인 인구 0.2% 또는 성인 500명 중 1명꼴로 선출직에 종사하는 셈입니다.

선거 수도 많지만 선거가 또 얼마나 자주 열리는지요. 앞서 살펴본 대로 2년마다 2년 임기인 하원의원 전부, 6년 임기인 상원의원 3분의 1의 선거가 열리고, 4년마다 대통령 선거가 치러지죠. 그때마다 수많은 주와 지역정부에서 각종 선거가 함께 치러집니다. 하원의원은 2년이 임기이니 곧 재선을 신경 쓰지 않을 수 없습니다. 가을에 선거가 있는데 봄이면 당 후보를 뽑는 경선이 있으니 그해에는 선거에 전념할 수밖에 없죠. 그러니 임기 중 절반을 선거에 집중한다고 해도 과언이 아닙니다. 하원의원들은 선거자금을 모으고 조직을 정비하는 데 의원 고유 책무보다 더 많은 시간과 에너지를 쏟아부어야 한다고 푸념을 늘어놓죠.

대통령도 고달프기는 매한가지입니다. 4년 임기 중간에 열려 중간선거로 불리는 이 선거를 대통령 신임투표로 봅니다. 아무리 인기 많은 대통령이라고 해도 임기 3년 차가 되면 그 인기가 수그러질 수밖에 없죠.

그러니 중간선거는 야당이 이기기가 쉽습니다. 그렇지 않아도 힘이 빠지는데 중간선거 성적이 너무 나쁘면 정치 동력이 확 떨어집니다. 야당이 상원이나 하원 중 하나만 다수당을 차지해도 국정을 운영하기가 힘이 듭니다. 여당 의원도 말을 잘 안 듣게 되죠. 2018년 야당이었던 민주당이 하원을 차지하면서 트럼프 행정부는 사실상 국정 운영의 동력을 상실했죠. 공약이었던 국경 장벽도 물 건너갔을 뿐 아니라 하원발 조사와 청문회로 백악관과 정부 관료들이 줄줄이 불려나갔습니다. 결국 탄핵까지 갔습니다.

그러니 대통령은 중간선거를 신경 쓰지 않을 수 없습니다. 후보 선정, 선거자금 모금, 선거운동 지원까지 깊숙이 관여하죠. 중간선거가 끝나고 나면 한 해 쉬고, 바로 재선이 걸린 선거에 돌입합니다. 현역 대통령이 유리하니 대통령이 소속된 당내 경선은 그리 치열하지 않습니다. 그래도 쉬고 있을 수는 없죠. 상대방 경선에 신경을 써야 합니다. 대책도 마련하고 선거에 맞는 정책도 내놓습니다. 그리고 여름이 되면 본격적으로 뜨거워지죠. 대통령 임기가 4년인데 최소 1년 이상은 선거에 신경 쓴다고 볼 수 있습니다. 2020년에도 버니 샌더스 상원의원이 중간에 경선을 포기하며 바이든이 4월 초에 민주당 대통령 후보로 결정됐죠. 이후 바이든-트럼프 공방이 시작됐습니다. 선거가 11월이었으니 거의 7개월 내내 선거전을 벌인 셈입니다.

많고 잦은 선거는 유권자의 권리를 늘립니다. 정치 지도자들이 유권자의 목소리를 한 번이라도 더 들어야 하니까요. 2년에 한 번 선거를 치르는 하원의원들은 지역구 민심에 촉각을 곤두세울 수밖에 없습니다. 주민들과의 접촉을 항상 유지해야 하죠. 상원의원은 하원의원처럼 바쁘지는 않습니다. 그래도 당 차원에서 보면 2년마다 선거가 열리는 것은 마찬가지입니다. 의석의 3분의 1씩 유권자의 심판을 받으니 본인은 선거를 치르지 않는다 해도 당 승리에 무관심할 수는 없습니다. 과반수 의석을 확보하느냐 마느냐에 따라 본인의 정치 행보도 달라질 수밖에 없으니까요. 대통령도 마찬가지입니다. 중간선거가 있고, 재선이 걸려 있으니까요. 재선 염려가 없어진 대통령은 열정이 식을 가능성이 있죠. 한국 대통령은 늘 그런 위험에 처해 있습니다. 아예 재선을 할 수 없으니까요. 박근혜가 대표적인 예입니다. 박근혜는 선거의 여왕으로 불리며 정치판 싸움에 능통했죠. 한나라당 천막당사에서 드러났듯 말입니다. 당내 패권을 잃었을 때에도 선거 때만 되면 두각을 나타냈습니다. 마침내 본인의 대선마저 극적으로 이겼습니다. 그 승리는 역설적이게도 그녀가 가장 잘하는 것을 빼앗았죠. 더는 치를 선거가 없었던 겁니다. 민의를 신경 쓸 이유도 없었고, 그럴 필요도 사라졌습니다. 박근혜는 뚜렷한 정치철학이나 비전도 없었죠. 업무도 미루고 그나마 매주 수요일은 아예 출근도 하지 않았습니다. 재선에서 진 트럼프도 비슷했습니다. 선거에 패배한 뒤 거의 모습을 드러내지 않았죠. 백악관에서 전화기만 붙잡고 있었고, 주말엔 골프에 몰두했습니다. 하루 코로나19 바이러스 감염자가 20만 명에 딜하고, 이로 인한 사망자도 2000명에 이르렀지만 이에 대한 언급도 없었습니다. 원래 공공의 이익이나 사회의 안녕을 걱정하는 사람은 아니었지만, 선거 전에는 어떤 시늉이라도 했습니다. 하지만 그마저도 안 하게 된 거죠.

미국에 선거가 너무 많다는 지적도 있습니다. 유권자 입장에서도 한 해 걸러 한 번씩 선거에 시달립니다. 특히 당쟁이 치열하고 사적 관계까지 지배하는 요즘에는 그 피로감이 보통이 아니죠. 가족관계가 틀어지고 친지와 사이가 멀어지는 일도 잦습니다. 2020년 선거는 그런 면에서 최악이었죠. 모든 것을 자기 정치 이득으로만 따지는 트럼프 대통령은 미국의 지도자가 되는 데 관심이 없었습니다. 자기 지지자만의 지도자이기를 원했죠. 이들 앞에 직접 서서 환호를 받고 뻐기기를 그 무엇보다 즐겼습니다. 아무 말이나 거리낌 없이 하는데도 트럼프에게 많은 사람이 열광했습니다. 이들은 '트럼프 지지자'라는 정체성을 키웠습니다. 사업가 트럼프로서도 생전 처음 느끼는 희열이었을 겁니다.

2016년 대통령에 당선된 뒤에도 그 맛을 잊지 못하고 선거 캠페인식 행사를 계속했습니다. 서로가 서로에게 카타르시스를 제공하며 동화됐죠. 이들이 뭉칠수록 사회 내분은 심화되었습니다. 트럼프 반대자들에게 트럼프는 무책임한 선동가이자, 거짓말쟁이, 그리고 인종차별주의자였죠. 그들에게 트럼프 지지자들도 비슷한 무리로 보였겠죠. 트럼프는 이런 사회 내분을 조장하고 즐겼습니다. 그럴수록 자기 지지층은 더 굳건하게 뭉쳤으니까요.

그러다 코로나19 사태가 터졌습니다. 트럼프는 당황했습니다. 재선 가도에 암초도 아닌 빙산이 나타났으니까요. 코로나19 바이러스 감염으로 희생자가 걷잡을 수 없이 늘어나고 사회 여기저기서 곪은 데가 터졌습니다. 병원이 모자라고 의료진이 부족했습니다. 테스트 장비는 고사하고 마스크도 동이 났죠. 사회안전망은 흔들리고 연방정부는 손을 놓았습니다. 트럼프 지지세도 떨어졌습니다. 코로나19에 관한 가짜 뉴스가 널리 퍼져 사태를 더욱 악화시켰습니다. 덕분에 사람들, 특히 공화당 지지층은 코로나19의 심각성에 회의를 품게 됐죠. 방역에 힘쓰는 주정부를 비난했습니다. 이것 또한 트럼프와 그의 추종자들이 퍼뜨린 것이었습니다.

이 와중에 미네소타 경찰이 조지 플로이드를 대낮에 살해하면서 반인종차별 운동이 시작되었습니다. 대도시에서는 시민들의 분노가 소요사태로까지 이어졌죠. 트럼프는 소요사태에 초점을 맞추며 양측의 긴장을 키웠습니다. 그 덕에 거리에서, 집에서, 온라인에서, 트럼프-반트럼프 대결은 살벌하게 이어졌습니다. 욕설과 주먹질은 기본이고, 무장시위와 총격전까지 벌어졌죠. 선거가 끝나면 내전이 일어날 거라는 걱정도 적지 않았습니다. 선거와 선거전, 대립과 혼란이 계속 이어지다보니 피로감이 보통이 아니었습니다. 이 때문에 우울증과 정신적 고통을 호소하는 사람도 많이 증가할 정도였습니다. 특히 대표적 음모론인 큐어넌의 추종자와 그 주변의 관계는 피로를 넘어 파탄으로 이어졌죠. 멀쩡하던 가족 구성원이 황당한 주장을 종교처럼 따르면서 가족이 붕괴하는 사례가 속출했습니다. 음모론의 문제이기도 하지만 트럼프와 선거의 과잉이 빚어낸 비극이기도 합니다.

돈이 결정한다

많고 잦은 선거의 피로감은 그나마 낫습니다. 사실 더 큰 문제는 선거비용입니다. 지출이 너무 크죠. 2020년 선거비용 지출이 총 140억 달러, 한화로 약 15조 원을 초과했습니다.[13] 이는 2020년 4월 한국 신용거

래용자 전체 잔고,[14] 2018년 한국 배달 시장 규모[15]와 맞먹습니다. 규모 증가도 심상치 않죠. 2016년 지출이 7조 2000억 원이었으니 2020년 지출은 두 배를 넘긴, 유례를 찾아볼 수 없는 증가였습니다. 대통령 선거비용만 7조 3000억 원에 달했는데, 이는 2016년 대선과 의회 선거를 합친 금액보다 더 컸습니다.

의회 선거도 만만치 않습니다. 끝까지 접전을 벌였던 노스캐롤라이나주 상원의원 선거에 공화당과 민주당은 총 2억 930만 달러, 한화로 3000억 원이 넘는 돈을 썼습니다. 그 뒤를 사우스캐롤라이나주(2억 790만 달러), 아이오와주(2억 630만 달러), 애리조나주(2억 560만 달러) 상원의원 선거가 이었죠.[16] 하원의원 선거도 사정은 비슷합니다. 캘리포니아주 제25 지역구 선거에 3900만 달러, 뉴멕시코주 제2 지역구 선거에 3800만 달러, 텍사스주 제22 지역구 선거에 3500만 달러가 쓰였습니다. 모두 천문학적인 숫자죠.

2020년에 470석의 상·하원 선거가 있었습니다. 여기에 약 8조 원이 쓰였습니다. 평균 한 지역 선거당 170억 원이 든 겁니다. 단순 비교로는 무리일 수 있지만 대략 가늠은 할 수 있죠. 한국과 비교해볼까요? 2020년 한국 21대 총선에 출마한 지역구 후보자 1118명의 선거비용 지출 총액은 1116억 1465만 원으로 미국 의회 선거의 1.4% 규모입니다. 19대 대선 선거비용으로 더불어민주당(500억 원), 자유한국당(420억 원), 국민의당(460억 원), 바른정당(50억 원), 정의당(42억 원)은 모두 합쳐 약 1472억 원을 지출했습니다.[17] 2020년 미국 대선 비용의 약 2%입니다. 미국이 워낙 잘사는 나라이니 그러려니 하고 넘어갈 수도 있습니다. 하지만 한국 경제 규모노 만만치 않습니다. 국내총생산으로 보면 한국 경제(1조 6000억 달러)는 미국(21조 4000억 달러)의 약 7.5%입니다. 그러니 미국의 선거비용 지출이 서너 배 과하다고 할 수 있겠죠.

선거비용 지출의 증가 추세는 아주 우려스럽습니다. 대통령, 의원이 되기 위한 값이 올라가고 있다는 말도 되니까요. 2018년 하원의원 선거 승자는 평균 200만 달러를, 상원의원 승자는 평균 1600만 달러를 썼습니다. 2000년만 해도 이 수치는 불과(?) 84만 달러, 700만 달러에 불과했죠. 선거전이 점점 비싸지는 만큼, 선거는 부자들의 놀이터처럼 되어가고 있습니다. 의원들의 재산이 그 증거가 될 수 있습니다. 2020년 116회 국회의원 절반 이상이 100만 달러가 넘는 재산을 갖고 있습니다.[18] 재산의 중간값도 100만 달러가 넘죠. 1억 달러 이상의 재산을 보유한 이도 10명이나 됩니다. 한국에서도 익숙한 낸시 펠로시 하원의장(재산 1.1억 달러)을 포함해서 말이죠. 의원들은 일반인보다 부유할 뿐 아니라 이들의 부의 증가 속도 또한 빠릅니다. 한마디로 의회는 점점 더 부자들의 클럽이 되어가고 있는 것이죠. 돈이 없으면 절대 들어가기 힘들고, 돈이 많으면 수월하게 들어갈 수 있는 도박판이랑 비슷합니다. 도박판에서 판돈이 많다고 꼭 이기지는 못합니다. 하지만 돈이 많으면 많을수록 좋겠지요. 판돈이 적으면 판에 끼거나 앉아 있기조차 힘드니까요. 시간이 지나면 판돈이 많은 사람이 남기 쉽습니다. 미국 선거판도 이런 도박판을 닮아가고 있는 겁니다.

선거판이 부자들의 놀이터가 되고 있다는 것은 선거비용의 출처로 더 잘 알 수 있습니다. 2020년 대선 승자인 바이든은 약 10억 달러의 기부금을 모았습니다. 200달러 이상의 '일반 기부'가 61%, 200달러 미만의 '소액 기부'가 39%를 차지했습니다.[19] 자기 돈을 쓰는 후보도 있지만 바이든은 그렇지는 않았고, 연방정부의 선거자금 지원도 전혀 받지 않았습니다. 연방정부 규정을 따르면 선거자금 모집에 한계가 있기 때문입니다. 이전에는 정부 지원금을 받는 게 보통이었지만 오바마 대선을 전후로 주요 정당 후보들이 이를 거부하기 시작했죠.

보통 시민들은 200달러가 넘는 큰돈을 기부하지는 못합니다. 10달러 안팎이 보통이죠. 하지만 적은 액수도 무시 못합니다. 한국에서는 노무현 후보가 온라인 선거운동, 기부 모금의 개척자였죠. 미국에서는 오바마 후보가 그런 경우였습니다. 바이든 후보 또한 온라인 소액 기부 모금에 성공적이었습니다. 돈도 돈이지만 많은 사람이 참여했다는 의미도 컸습니다. 돈은 곧 표이고, 기세상으로도 중요하니까요. 더군다나 민주당 내 젊은 진보 정치인들은 이런 온라인 소액 기부를 당이 추구해야 할 방향으로 봤습니다. 큰돈을 기부하는 기업이나 갑부들의 영향력을 줄이고 싶었던 것이죠.

하지만 역시 큰돈은 큰손에서 나왔습니다. 바이든 캠프는 마지막 6개월에 최소 10만 달러를 기부한 큰손들에게서만 2억 달러를 모았죠.[20] 보통 때라면 저택에서 파티를 열어 소수의 사람만이 후보와 만날 수 있었지만, 코로나19 덕에 이런 소규모 기부 파티 또한 온라인으로 진행됐습니다. 한 온라인 파티에 바이든이 직접 참여해 450만 달러를 모았습니다. 이 파티의 참석비가 무려 50만 달러였습니다.

'모금자bunglers'들도 분주했습니다. 이들은 후보 대신 파티 등 소규모 행사를 개최해 선거자금을 모으고 캠프 측에 전달합니다. 큰손을 모으는 큰손들입니다. 굉장히 미국적인 현상이죠. 목표 액수에 따라 직함도 있습니다. 바이든의 경우 250만 달러를 모으는 게 목표인 '바이든 승리 조력자Biden Victory Partner', 100만 달러를 모으는 게 목표인 '델라웨어 모임Delaware League' 등을 두고 있었습니다. 이런 행태를 비난하는 목소리도 당내에 있었지만 선거가 가까워지면서 그 비판도 현실 앞에서 작아졌죠.

정치 조직들도 바빠집니다. 대표적 예가 '정치행동위원회'로 번역할 수 있는 'PAC Political Action Committee'이죠. 1000달러 이상을 모금하거나 이를 활동 자금으로 사용하면 법에 따라 등록해야 하는 조직으로 현재 약 500개가 있습니다. 이들에게는 한 후보당 5000달러, 한 정당에 1만 5000달러를 기부하지 못하는 기부금 상한선이 있습니다. 슈퍼팩Super PAC은 좀 더 특별합니다. 특정 정치인이나 정당에 직접 자금을 주지 않는 조건으로 정부의 간섭을 받지 않으니까요. 직접 지원을 하지 않을 뿐이지 아무리 간접 지원이라도 유권자 눈에는 별 차이가 없습니다. 낙태 권리를 옹호하는 광고는 민주당 편인 게 뻔하죠. 총기 소유 자유를 옹호하는 광고는 공화당 쪽입니다. 게다가 슈퍼팩은 상한선이 없으니 무한정 돈을 모으고 씁니다. 지지하는 후보와 의논하고 조율하면 안 되지만 이를 막기란 쉽지 않죠. 극단적 경우지만 정치인의 측근이 슈퍼팩에서 일하기도 하고 심지어사무실이 같은 빌딩에 있는 경우도 있었습니다. 고삐풀린 망아지랄까요. 슈퍼팩은 대법원이 '정치자금 기부도 언론의 자유에 속한다', '기업이나 노조 등 집단도 그 자유를 누릴 수 있다'는 다소 황당한 결정Citizens United v. Federal Election Commission을 내리면서 탄생했습니다. '우선

순위USA^{Priorities USA}'라는 민주당 내 가장 막강한 슈퍼팩은 본선이 시작된 이후에만 바이든 측에 1억 3000만 달러를 쏟아부었습니다.[21] 신생 그룹인 '퓨처 포워드^{Future Forward}'는 이번 선거를 위해 꾸려진, 실리콘밸리 갑부의 조직입니다. 바이든을 지지하는 티브이 광고에만 1억 달러를 썼죠.

은밀한 파티에 참여해 바이든과 개인적 대화를 나누고 안면을 튼 사람, 모금자로 천문학적 기부금을 건네는 사람, 슈퍼팩 기부자 등은 일반 유권자와 다를 수밖에 없습니다. 정치의 공기와 다를 바 없는 선거자금을 대주니까요. 그러니 이들의 기대를 무시할 수 없겠죠. 이들의 전화를 안 받을 수가 없습니다. 일반인들은 상상도 할 수 없는 특권이죠. 물론 일반인들에게도 한 사람당 한 표가 있습니다. 선거 당일이 가까워질수록 뭔가 대단한 듯 말합니다. '선거는 유권자의 권리이자 의무다', '민주주의의 기초다'. 틀린 소리는 아닙니다. 하지만 한 표의 무게는 아주아주 가볍습니다.[22] 일반 유권자의 한 표는 선거 결과에 무의미합니다. 내 투표 여부, 내 지지 방향은 선거 결과에 아무런 영향을 끼치지 않습니다. 내 한 표가 승부를 가르는 선거는 딱 두 가지 경우밖에 없습니다. 후보 간 득표가 같거나 한 표 차여서 한 표 동률을 만들 수 있는 경우죠. 그런 선거에서는 한 표가 승부를 가릅니다. 하지만 한 표가 가르는 선거는 거의 없습니다. 즉 내 한 표는 자족감을 주거나, 인증샷을 찍거나, 정파성 확인을 위해서는 중요하지만 정작 중요한 승패에는 무의미하죠. '당신의 한 표가 민주주의를 지킵니다'는 식의 표어는 표어일 뿐입니다. 어쩌다 운이 좋으면 시장에서 후보자 얼굴을 보거나 지하철역 입구에서 악수 한 번 할 수 있지만 그뿐입니다.

유권자의 한 표와 달리 지갑은 무겁습니다. 나오는 돈이 클수록 그 사람의 존재도 커지죠. 그 돈으로 후보는 광고를 만듭니다. 그 광고를 내보낼 방송사, 온라인 매체에 돈을 씁니다. 전문가와 의논도 하죠. 설문도 합니다. 캠프 직원들 월급도 줍니다. 후보 유세에 쓸 차량, 식사 등에도 돈이 들죠. 돈이 없으면 선거 당일까지 유세를 이어가기도 힘듭니다. 유세에 돈을 쓰지 못해 이름도 알리지 못하는 후보는 표를 얻기 쉽지 않죠.

민주체제는 선거 당일에나 찾아오고, 그전까지는 돈이 다 결정합니다. 특히 미국 선거는 돈이 많이 드니 더욱 그렇습니다. 땅이 넓으니 교통비, 식비 등에 쓰는 경비만도 만만치 않습니다. 티브이 등 대중매체 광고에 기댈 수밖에 없으니 천문학적인 돈이 들죠. 이런 비싼 선거가 자주, 너무 많이 열리는 나라에서 자본을 대는 물주의 정치력은 기껏해야 악수 한 번 하고 마는 일반 유권자의 그것과 비교할 수는 없죠.

기부금은 그 값을 톡톡히 합니다. 로버트 머레이

는 트럼프 대통령 취임식에 30만 달러를 쾌척했습니다.[23] 그는 미국 최대 석탄업 회사인 머레이 에너지 회사의 주인으로 할 말이 많았죠. 오바마 집권 기간 석탄업계는 다양한 환경 규제를 받았습니다. 이걸 없애달라는 요구였죠. 트럼프는 곧바로 화답했습니다. 부통령에게 명령해 규제를 없앴을 뿐만 아니라 환경보호청 Environmental Protection Agency 담당 부서 인원마저 축소했습니다. 머레이는 이 행정 명령에 서명하는 행사에 참가할 정도로 트럼프와 친밀한 관계를 유지했습니다. 이 기업과 석탄업계가 받은 특혜는 돈으로 환산하기 힘든 규모였죠.

트럼프 정부는 위험한 화합물을 감시하는 환경청 규제도 완화했습니다. 트럼프의 낙하산인 낸시 벡이 그 배후였습니다. 벡은 화학업계를 대표하며 이런 규제 철폐를 위해 뛰었습니다. 2020년에만 1000만 달러를 쓴 거대 로비 그룹인 미국화학위원회 American Chemistry Council 대변인이었죠. 그랬던 그가 환경보호청 고위직에 임명되어 규제 완화를 주도한 겁니다. 에너지업계 로비가 이를 가능케 했죠. 이들은 미국화학위원회뿐 아니라 다양한 조직을 통해 천문학적 정치자금을 공화당과 트럼프 측에 전달해왔습니다. 이렇게 업계 입장에서 정부 규제를 다투다, 정부 요직에 낙하산으로 와서 규제를 푸는 예는 부지기수입니다.[24] 자리를 사는 사람도 있습니다. 고든 손들랜드는 100만 달러를 주고 유럽연합 대사가 됐습니다.[25] 루이스 드조이는 수차례에 걸쳐 수십만 달러를 기부하고 아내를 캐나다 대사로 만들었습니다. 본인은 수백만 달러를 기부하고 연방 우체국장 postmaster general이 됐죠. 이런 예는 한둘이 아닙니다. 트럼프 행정부 이야기만도 아니죠. 이런 체제를 트럼프가 만든 게 아니니까요. 오바마 때도 웃기지만 슬픈 일이 있었습니다. 피자 같은 가공식품이 학생들의 건강을 해치니 학교 급식에 채소를 늘리라고 백악관이 나섰습니다. 당장 식품업계의 반발이 거셌습니다. 여러 저항이 있었고 심지어 피자가 채소로 분류되기도 했죠. 피자에 들어가는 토마토소스를 채소로 봐야 한다는 억지였습니다. 억지였지만 먹혔습니다. 이들의 막강한 로비가 백악관마저 물리쳤던 겁니다.

선거판이 밀수와 도박의 현장인 셈입니다. 민주체제의 역설이랄까요. 수많은 예에서 보듯 공공의 이익은 번번이 사적 이익에 무너집니다. 한 번 무너진 벽을 다시 쌓아 올리는 데는 몇 배의 공이 드는 법이죠. 이를 아는 물주들은 규제를 풀고 자기 이익을 위한 정책을 위해 선거에 투자합니다. 이를 막고자 하는 쪽도 돈을 써야 하는 상황이죠. 노동조합도, 환경단체도 선거자금을 모으고 후보에게 기부합니다. 트럼프라는 권위주의자로부터 민주주의를 지키려는 사람도, 트럼프를 지키려는 이들도 돈다발을 가지고 싸웁니다. 이긴 쪽의 배당금은 적지 않습니다. 미국 민주체제가 무늬만 남고 재벌의 지배인 금권정치plutocracy로 변질했다는 한탄이 나올 만하죠. 선거가 있으니 억지라고 할 수 있습니다.

그렇다면 나름 경쟁적 선거가 있는 러시아는 민주 국가일까요? 후보 간의 경쟁은 자유롭습니다. 단 야당 후보는 유명무실하죠. 알렉세이 나발니같이 정권을 위협할 정도로 인기가 있으면 제거됩니다. 미국은 그렇지는 않습니다. 하지만 러시아처럼 주먹으로 제거되거나 미국처럼 돈으로 제거되거나 제한은 제한이죠. 미국은 양당의 경쟁이 있긴 합니다. 하지만 이들도 물주의 선택을 받은 이들이라고 한다면요? 노론과 소론이 격하게 싸웠지만, 일반 백성은 완전히 배제됐던 조선조와 얼마나 다를까요. 다르기야 하겠죠. 하지만 금권정치는 미국 민주체제의 가장 약한 고리임은 분명합니다.

3장

민주당과 공화당, 모든 걸 쓸어담다: 양당제

양당제는 미국 민주체제의 큰 특징이죠. 민주당과 공화당의 정치적 우세가 오래 이어져왔습니다. 그렇다고 법이 이들의 특권을 보호하는 것은 아닙니다. 단지 특정 제도가 양당제로 이어졌을 뿐입니다. 하지만 이 현상이 지속되며, 미국 정치에 절대적 영향을 미치고 있습니다. 헌법에 쓰인 제도만큼이나 강력한 주술을 부리고 있죠. 그 중요성에 비해 양당제는 주목을 못 받아왔습니다. 그래서 더 중요하다고 볼 수 있습니다. 이제부터 미국 양당제의 특색, 원인, 그리고 그 여파에 주목해보겠습니다.

미국 양당제의 공고함

미국 양당제는 건국과 더불어 시작됐습니다. 연방당the Federalists과 민주공화당the Democratic-Republicans이 그 주인공이었죠. 알렉산더 해밀턴을 중심으로 한 동북부 세력이 의회에서 하나의 보팅 블록Voting Block으로 세를 모았습니다. 이에 대항하려 남부 농업 세력은 미국 최초의 정당인 민주공화당을 만들었습니다. 여기에 놀란 해밀턴 측이 연방당을 만들며 양당제가 시작됐죠. 조지 워싱턴 대통령 아래서 두 번 연속 부통령을 지낸 존 애덤스가 연방당 후보로 대통령이 되며 당세를 확장했지만 오래가지 못했습니다. 1820년대가 되면서 조직이 희미해졌죠. 민주공화당도 비슷한 무렵 당이 붕괴했습니다. 하지만 연방당처럼 사라지는 대신 둘로 나뉘었습니다. 1824년 당내 세력 다툼으로 갈라지면서 앤드루 잭슨 대통령의 지지 세력은 민주당을 세웠습니다. 반대파는 국민공화당, 휘그당으로 갈라졌습니다. 오늘날까지 이어지는 민주-공화 구도의 시작점이었습니다. 이때는 민주당 시대였습니다. 앤드루 잭슨의 대선 승리를 시작으로 민주당은 1860년까지 백악관, 상원, 하원을 석권하다시피 했습니다. 주의 권리를 강조하며 연방정부의 재정 정책에 반대했고 헌법을 문자 그대로 해석하는 보수적 입장을 취했습니다.

노예제가 민주당 전성기에 종지부를 찍었습니다. 1850년대가 되면서 노예제가 뜨거운 이슈로 떠올랐습니다. 1854년 캔자스-네브래스카 법Kansas-Nebraska Act이 그 시작이었죠. 이 법은 당시 새로운 영토였던 캔자스, 네브래스카가 노예제 채택 여부를 스스로 결정할 수 있게 했습니다. 노예제 반대자들Abolitionists이 들고일어났습니다. 새 영토가 노예제를 스스로 결정하게 되면 미국 영토가 확장될수록 노예제 논란도 확산할 가능성이 컸기 때문입니다. 이들이 본격적으로 정치 세력화를 추진하자 휘그당, 민주당에서도 탈퇴자가 이어졌습니다. 노예제가 정치적 블랙홀이 된 것이죠. 마땅한 정치적 해결책을 제시하지 못한 휘그당은 괴멸했습니다. 노예제 반대자가 주축이 되어 기존의 휘그당을 흡수하면서 1854년에 공화당이 출범했습니다. 민주-공화 양당제가 시작된 겁니다. 공화당은 남북전쟁(1861~1865) 승리를 통해 민주당을 제치고 압도적 세력이 됐습니다. 이후 1932년까지 백악관과 의회를 장악하며 공화당 시대를 이끌었죠. 이 전성기는 대공황이 오며 끝이 났습니다.

1930년대는 미국이라는 국가 전체가 힘든 시기였지만, 공화당으로서도 시련의 시기였습니다. 1936년 앨프레드 랜던 공화당 대통령 후보는 불과 두 개의 주에서만 승리할 정도로 대선에서 초라한 성적을 거두었습니다. 의회 선거 성적 또한 형편없었죠. 반면 루스벨트 대통령이 이끄는 민주당은 대공황, 제2차 세계대전 등 위기의 시기에 미국을 성공적으로 이끌었습니다. 공화당은 1990년대에 와서야 회복됐습니다. 1994년 선거에서 양원 모두 다수 석을 차지했죠. 보수 기독교 세력이 성장하면서 공화당에 무게를 실어준 탓도 있습니다. 이를 제일 잘 이용한 정치인은 조지 부시였죠. 부시는 기독교 세력을 잘 모아 2000년 대선을 극적으로 이겼습니다. 앞서 논했듯이 이 선거에서 부시는 고어 후보에게 일반 득표에서는 뒤졌지만 선거인단 득표에서는 승리했죠. 이 덕분에 아직고 얘기가 많이 오가지만, 사실 개신교 정치 세력화의 장을 여는 선거로 상당히 의미가 있습니다. 덕분에 9·11 공격, 경제위기도 있었지만, 재선도 성공했습니다. 공화당의 완전한 회복이었죠.

이처럼 미국 정치는 양당제가 지배했습니다. 연방당과 민주공화당의 양당제를 시작으로 민주당과 공화당 계열 정당들의 양당제가 이어졌죠. 민주당과 공화당이 양당제를 구축한 게 1850년대이니 이 둘의 양당제는 150년을 이어가고 있는 셈입니다. 양당의 당적을 갖지 않은, 즉 제3의 정당 또는 무소속 선출직 정치인은 거의 없다시피 합니다. 1945년 이후 하원에 이런 정치인은 10명도 채 되지 않습니다.[1] 상원도, 주지사도 마찬가지입니다. 대통령의 경우는 더 심하죠. 양당에 속하지 않은 대통령은 아예 당선된 적이 없었습니다. 민주-공화 양당의 존재감은 연방정부 차원에서뿐만 아니라 주정부, 지방정부에서도 마찬가지입니다. 제3지대 정치인의 초라한 면모를 살펴보면 양당제의 힘을 알 수 있습니다.

이들 중 가장 유명한 이는 버니 샌더스 무소속 상원의원일 겁니다. 유명 정치인 중 유일하게 사회주의자임을 자처하는 그는 버몬트주에서 잔뼈가 굵었죠. 1981년 벌링턴 시장에 당선되며 정치 인생을 열었습니다. 1991년 하원의원으로 연방 정치 무대에 등장했고 2007년 상원의원이 되었습니다. 허스키한 목소리, 부스스한 머리와 더불어 사회주의 정책 제안은 그를 독보적 존재로 만들었습니다. 2016년 민주당 전당대회에 참여해 힐러리 후보와 민주당 대선 티켓을 놓고 다투면서 더욱 유명해졌죠. 특히 대학교 학비 면제, 공공의료보험 도입 등 파격적인 제안으로 큰 인기를 끌었습니다. 2020년에도 그는 일관된 목소리로 바이든이 역전하기 전까지 민주당 전당대회에서 선두주자 자리를 지켰습니다. 하지만 결국 민주당 정통파의 지지를 받은 바이든에게 민주당 대선 후보 자리를 내줬습니다. 샌더스 의원을 빼고 나면 제3지대 전국구 정치인은 전무합니다. 2020년 대선에서 전국적으로 투표용지에 이름을 올린 후보는 트럼프, 바이든, 그리고 자유당의 조 조겐슨이 유일했죠. 조겐슨은 총투표의 1.2%인 180만 표를 얻는 데 그쳤습니다. 녹색당은 더 미미한 성적을 거두었습니다. 2016년에도 자유당(3.2%), 녹색당(1.07%)의 사정은 크게 다르지 않았습니다. 이들 후보의 이름을 기억하는 이도 거의 없을 겁니다.

제3지대 후보가 사고를 친 적은 있습니다. 2000년 대선은 앨 고어와 조지 부시 간 박빙 승부가 예상됐습니다. 이 때문에 랄프 네이더 녹색당 후보의 사퇴를 요구하는 목소리가 컸죠. 민주당 성향의 표를 가져가 부시를 도와줄 거라는 예측이 민주당 측에서 계속 나왔습니다. 결과론적으로 보면 그 염려는 염려로만 끝난 건 아니었습니다. 네이더 후보는 3%를 얻었죠. 당시 부시와 고어가 48% 득표로 동률이었습니다. 민주당 측에서는 탄식과 분노가 터져 나왔습니다. 물론 네이더 후보의 표가 다 민주당으로 갔을 것이라는 건 단순 주장일 뿐입니다. 비슷한 일이 1992년에도 있었습니다. 사업가였던 로스 페로 무소속 후보가 무려 19%를 득표하며 기염을 토했습니다. 민주당 클린턴 후보가 44%를, 아버지 조지 부시는 37%를 얻었습니다. 부시의 재선이 수포로 돌아갔죠. 보수 표가 페로 쪽으로 흘러갔기에 패배했다는 관측이 나올 수밖에 없었습니다. 페로는 1996년 대선에서도 개혁당Reform Party을 만들어 후보로 나섰지만 8% 득표에 그쳤죠. 이후 레슬러 출신 제시 벤추라 개혁당 후보가 미네소타 주지사 선거에서 승리하며 당은 짧은 전성기를 맞았습니다. 이후 2000년 대선을 앞두고 내분이 깊어졌죠. 페로는 극우 인기 인사였던 팻 뷰캐넌을 후보로 밀었지만 벤추라는 도널드 트럼프를 밀었습니다. 뷰캐넌으로 후보가 결정은 났지만, 당은 내리막길을 걸었죠. 하지만 트럼프는 2016년 극적으로 컴백을 했습니다.[2]

제3지대 후보가 주목을 받은 예는 이 정도뿐입니다. 그 수많은 전국구 정치인 중 사람들이 기억할 만한 이름은 페로, 네이더, 샌더스, 이 셋이 다죠. 한국도 양당제가 발달했습니다. 3당 합당 이후, 민주당계 정당과 공화당계 정당이 주도권을 쥐고 민주화 이후 한국 정치사를 쥐락펴락했죠. 대통령, 국회, 지방정부 그 어디에도 이 둘의 영향력이 닿지 않는 곳이 없습니다. 거대 양당의 횡포를 지적하는 목소리가 작지 않습니다. 그런데도 한국 정치를 논할 때 제3당의 존재를 무시 못합니다. 지금 국회만 봐도 정의당이 있죠. 안철수를 비롯한 대선 주자들도 만만치 않은 정치력을 행사해왔습니다. 그전에는 이인제, 정주영, 김종필 등이 양당체제를 흔들기도 했습니다. 길지 않은 현대사인데도 말입니다. 이를 미국과 비교해보면 미국 양당제의 공고함을 짐작할 수 있습니다.

양당제가 바뀌기 힘든 이유

양당제의 공고함은 양당이 인기가 있어서인 걸까요? 인기가 얼마나 높길래 제3지대 세력이 100년이 넘는 세월 동안 발도 못 붙이나 싶습니다. 그 속내를 들여다보죠. 미국 의회 선거는 한국과 비슷합니다. 한국 지역구 선거처럼 최고 득표자가 의석을 차지하죠. 최고 득표자가 획득한 득표율이 높으냐, 낮으냐는 상관없습니다. 2020년 상원의원 선거를 보면 와이오밍주에서 공화당 후보가 73.1%의 득표율을 얻어 압도적으로 승리했습니다. 반면 노스캐롤라이나주에서는 48.7%를 얻은 공화당 후보가 민주당 후보(46.9%)를 간신히 물리쳤죠. 즉 각 지역구의 일등만이 승자가 됩니다. 한국과 달리 정당 투표도 없죠. 평범한 이 제도는 미국 정치를 규정할 정도로 큰 영향력을 갖습니다.

굉장히 진보적인 아담이라는 유권자가 있다고 가정해보죠. 아담은 오랫동안 동성결혼을 지지했고, 흑인, 원주민 등 소수 인종 인권 옹호에도 적극적인 사람입니다. 병원, 대학의 국영화, 에너지 소비세, 대형기업 분리 등 샌더스의 사회주의를 넘어서는 정치적 성향을 갖고 있습니다. 선거가 다가올수록 아담은 괴롭습니다. 아담의 눈에는 공화당이나 민주당이나 비슷하니까요. 둘 다 기본적으로 자본주의적 틀에서 벗어나지 않고 그 틀에서 각종 현안을 풀려는 한계를 갖고 있습니다. 자신의 정치적 성향을 따르려면 사회주의 정당에 투표해야 합니다. 하지만 그러자니 선거구에 승자가 하나밖에 없는 상황에서 자신의 표는 사표가 될 게 뻔합니다. 대다수 유권자는 중도 성향이어서 중도 정당, 즉 민주당 아니면 공화당에 투표하죠. 그러니 이 두 정당 후보 중 하나가 승자가 될 게 뻔합니다. 대결도 이 둘 사이에서만 치열하고 소수 정당 후보는 티브이 토론에조차 참여하지 못합니다. 아담의 현실적 선택은 승리 가능성이 있고 그나마 본인 성향과 가장 비슷한 후보를 찾는 걸 겁니다. 결국 아담은 민주당 후보에게 투표하게 되죠. 민주당이 좋아서가 아니라 선택지가 그것밖에 없어서입니다. 어쩌다 한 번은 사회주의 정당에 투표할 수도 있겠죠. 하지만 그런 일탈(?)은 일회성으로 그치기 쉽습니다. 투표도 공짜가 아니기 때문입니다.

　　모든 행동이 그렇듯 투표도 기회비용이 듭니다. 아담은 이브와 결혼해 두 아이를 두었습니다. 야근에 지친 몸을 끌고 집에 오면, 애들은 자고 있습니다. 자는 애들 얼굴만 보고 자신도 겨우 잠자리에 듭니다. 이브는 새벽에 일어나 출근합니다. 아담은 늦잠을 잘 수 없습니다. 아이들 등교 준비를 해야 하니까요. 오후에 이브가 퇴근하면 아담은 허겁지겁 출근합니다. 휴일에는 빨래, 청소 등 밀린 일을 해야 하고, 휴식도 취해야 합니다. 주말에도 알바를 하며 일을 합니다. 투표소에도 쉽게 갈 수 없습니다. 상사의 눈치를 보며 따로 시간을 내야 하고, 그만큼 주급도 깎이게 됩니다. 공장에서 투표소까지 가는 데 교통비도 들죠. 여러 비용을 치르고 투표소에 어렵게 간 아담이 사회주의 정당에 투표하기는 쉽지 않습니다. 사표가 될 세 뻔하니까요. 결국 평소 마음에 두고 있던 사회주의 정당이 아니라 민주당에 투표합니다. 이런 아담의 선택이 아담 본인뿐 아니라 비슷한 성향의 유권자의 고민을 더 깊게 합니다. 아담과 그 동지들이 투표를 안 하니 사회주의 정당은 더 약화되고, 더 표를 잃게 되죠. 시간이 갈수록 정치적 기반이 쪼그라들 수밖에 없습니다. 극우파도 사정은 같습니다. 반대로 양당 세력은 더더욱 공고해지고 양당제는 흔들림 없이 유지됩니다.

이런 경향은 정치학계에서 '뒤베르제의 법칙 Duverger's Law'으로 잘 알려져 있습니다. 단순다수대표제(소선거구제)가 양당제로 이어진다는 주장이죠. 반론과 지적도 없지 않지만, 아직도 유용한 학설입니다. 특히 미국처럼 단순다수대표제가 광범위하게 운영되고 소수 인종이나 특정 종교 세력이 한 지역에 몰려 있지도 않은 경우, 합리적인 설명이라고 할 수 있습니다. 여기서 우리는 유권자가 좋아서 양당제를 선택한 게 아니라는 점을 기억해야 합니다. 두 정당의 인기가 월등히 높아서도 아닙니다. 정치권력이나 제도로 강제된 것도 아니죠. 주어진 상황에서 개개인이 자신에게 필요한 선택을 하고 그 선택이 모여 이루어진 흐름입니다. 누가 강제한 게 아니니 그 사람한테 따질 수도 없습니다. 어떤 정당의 인기 때문도 아니니 그 정당이 약해진다고 바뀔 체제도 아니죠. 자연히 생긴 흐름이라 더 바뀌기 힘들고, 그래서 그 영향력이 더욱 강력합니다.

모든 것이 가운데로 쏠린다

양당제의 영향은 적지 않습니다. 우선 제3지대 정당을 말려 죽입니다. 앞서 본 자유당, 녹색당뿐만 아니라 헌법당Constitution Party, 사회주의해방당Socialism and Liberation Party, 미국연대당American Solidarity Party 등이 2020년에 대선 후보를 냈습니다. 하지만 유권자 대부분은 이들을 선택하지 않았습니다. 이들을 무시하고 싶어서가 아니죠. 앞서 논의한 대로 제3지대 정당의 사상이나 정책을 지지하는 유권자도 이들을 외면합니다. 비단 투표에서만 나타나는 게 아닙니다. 당장 정치자금이 양당에 쏠립니다. 제3지대 세력 중 유일하게 정당다운 정당은 자유당 하나입니다. 하지만 이 자유당 후보도 2020년 대선에서 290만 달러를 쓰는 데 그쳤죠.[3] 앤드루 양은 아시아계로 민주당 경선 초반에 선풍을 일으켰습니다. 특히 1000달러 기본소득 지급은 혁신적인 공약이었습니다. 민주당 젊은 층의 지지가 쏠렸죠. 하지만 그의 선거전도 바이든, 샌더스 양자 구도를 넘지 못하고 중도에 하차했습니다. 그랬던 그가 경선에서 쓴 돈만 4000만 달러가 넘었습니다. 한 성당 내신 비용의 열 배가 넘는 돈입니다. 정치자금의 쏠림 현상을 보여주는 예죠. 대기업의 시장 독점과 비슷하다 하겠습니다.

인재도 마찬가지입니다. 제3지대에서는 당선 희망이 없으니 양당에 인재가 몰립니다. 2020년 하원의원 선거 후보를 보면 공화당 1663명, 민주당 1478명으로 모두 3141명입니다. 제3지대 정당 후보가 404명, 무소속이 138명이었습니다.[4] 85%가 양당 후보였던 셈이죠. 그리고 이들이 모든 선거를 휩쓸었습니다. 제3지대 정당 후보가 되고 싶어도 그 지역에 당 조직이 없거나 있으나 마나 한 경우가 대부분입니다. 양당 어느 쪽도 싫다면 정치 입문 자체가 힘든 상황이죠. 정당의 주요 기능 중 하나가 정치 신인 등용을 통한 미래 지도자 양성입니다. 제3지대 정당들은 지역, 나라 일꾼은 고사하고 당의 일꾼을 구하기도 힘듭니다. 이들의 척박한 정치적 토양은 일반인들의 관심조차 메마르게 하죠. 돈도, 조직도 없으니 존재감은 전무합니다. 일반인들에게 이름을 알릴 길이 없습니다. 제3지대 정당을 지지할 만

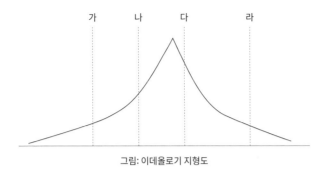

가　　나　　　다　　　　라

그림: 이데올로기 지형도

한 유권자들도 그 존재 자체를 모르는 경우가 많습니다. 미국 선거제도는 제3지대 정당에겐 무덤이나 다를 바 없죠.

　　제3지대 정당이 좀비같이 존재하다 사라지고 남은 땅에 두 거대 정당이 서 있습니다. 그들은 서로 닮아갑니다. 비슷해질 수밖에 없습니다. 일직선으로 그릴 수 있는 세상을 상상해보죠. 선 위 점마다 사람들이 살고 있습니다. 어느 곳에는 많이 살고 어느 곳은 한가합니다. 각 지역의 인구수를 나타내기 위해 그 위치마다 높고 낮은 기둥을 세워보죠. 선의 가운데, 즉 세상의 가운데에 사람이 가장 많이 살고 여기서 멀어질수록 인구가 줄어든다고 가정해봅시다. 가운데에 가장 높은 기둥이 있고, 그 좌우로 점점 더 낮은 기둥이 보일 겁니다. 양 끝에 있는 기둥은 아주 낮겠죠. 일직선으로 표현한 동네와 그 동네 각 지점에 세워진 기둥을 머릿속에 떠올려보면 그림처럼 이등변 삼각형을 그릴 수 있습니다. 자, 이제 그 밑변, 그 세상은 정치 이데올로기를 나타낸다고 가정해보겠습니다. 가운데에는 중도 이데올로기가 자리합니다. 그 오른쪽으로 조금 우파적인 이데올로기가, 그 왼쪽에는 좀 더 좌파적인 이데올로기가 자리하고 있습니다. 왼쪽 제일 끝에는 가장 극좌적인 이데올로기가 있습니다. 극단적이니 지지하는 사람이 거의 없습니다. 조금 덜 극단적일수록, 가운데를 향할수록 지지자 수가 늘어납니다. 중앙에서 오른쪽으로 가도 마찬가지입니다. 우파적 성향이 강해지고, 그럴수록 지지자는 줄어듭니다.

그런 세상에 한 지점, '가'에 정당이 하나 들어섰습니다. 상당히 좌파적인 정당입니다. 공산당이라고 해보죠. 하지만 정당이 하나이니 그곳에 살고 있는 거의 모든 동네 사람들의 지지를 받았습니다. 그러자 우파 정당이 '라'에 자리를 잡습니다. 민족당이라고 부르겠습니다. 이제 '라' 지역 근처에 있는 사람들인 극우 세력은 자기 선호도와 정반대에 있는 공산당을 지지하지 않아도 됩니다. 가운데에 있는 사람들은 갈리겠죠. 중도에서 '가'에 가까이 있는 사람들은 여전히 공산당을 지지하고, 고개 넘어 '라'에 가까운 우파 쪽 사람들은 민족당을 지지하게 됩니다. 이런 상황이 못마땅한 공산당이 가운데 쪽으로 정치적 좌표를 옮깁니다. '나' 지역까지 접근합니다. 가운데로 갈수록 사람이 많으니 가운데 사람들 입맛에 맞게 정책을 수정해야 하죠. 이제 가운데에 있는 사람들이 보기에 '라'에 위치한 민족당은 너무 거리가 멉니다. '나'로 자리를 옮긴 공산당이 훨씬 친근하죠. 가운데 표심을 뺏긴 민족당은 당황합니다. 민족당은 '다'로 좌표를 다급히 조정합니다. 공산당이 어떻게 대응할지 뻔합니다. 결국 두 정당은 가운데로 행진을 계속하다 서로 코가 맞닿는 거리에 이릅니다. 이제 아까 본 아담처럼 '가' 넘어 왼쪽에 있는 사람들 눈에 공산당이나 민족당이나 별반 다르지 않게 보입니다. 어차피 자기가 있는 왼쪽 끝에서 두 정당이 위치한 고개 정상까지는 멀기만 하죠. '라' 넘어 오른쪽 끝에 있는 사람들도 사정은 비슷합니다. 하지만 제3의 정당이 전무한 상황에서 두 당은 극단적 유권자들을 걱정할 필요가 없습니다. 아쉬운 건 그들이니까요. 이들은 아쉽더라도 그나마 자기 쪽에 가까운 정당을 선택할 수밖에 없습니다. 이를 아는 양당은 가운데에 있는 중도 표심을 사기 위해 서로 비슷해지는 겁니다. 양당이 이런 횡포 아닌 횡포를 부릴 수 있는 것은 양당 외에는 다른 정당이 없기 때문입니다. 둘 이상의 정당이 경쟁할 수 있다면 공산당은 함부로 가운데로 갈 수 없습니다. 너무 가운데로 가면 왼쪽 어딘가에 새로운 정당이 태어나 좌파 표를 빼앗을 테니까요. 즉 미국 선거제도는 양당제를 강제하고 동시에 두 정당을 비슷하게 만듭니다.

　민주당, 공화당을 보고 서로 비슷하다고 하면 미국 정치학 전공 학생들도 고개를 갸웃거립니다. 둘이 너무 다르다고 생각하죠. 다른 점이 없지는 않습니다. 공화당은 대체로 보수적입니다. 한 예로 이들은 낙태를 반대합니다. 1973년 대법원이 이미 낙태를 합법화했지만 말이죠. 정치적 공세뿐만이 아닙니다. 공화당 텃밭인 남부는 각종 규제로 낙태를 어렵게 하고 있습니다. 낙태 시술의 위험이 크지 않지만 도리어 지나치게 엄격한 안전 규제를 들이댑니다.[5] 학교, 병원에서 멀리 떨어져야 한다는 규제를 적용하기도 하죠. 임신 20주 이후 낙태를 금지하거나, 낙태 전 숙고 기간을 갖게 하거나, 제3자 개입을 장려하기도 합니다. 헌법으로 보장한 권리인 낙태를 막을 수 없으니 낙태 시술을 한 산부인과 경영을 어렵게 하겠다는 의도죠. 실제로 많이 문을 닫았습니다. 결과적으로 남부에서는 낙태 시술을 받기 위해 몇 시간씩이나 차를 타고 가야 하는 경우가 많습니다. 반대로 민주당은 낙태를 여성의 권리로 보고 공화당과 맞서죠. 총기 규제 논란도 비슷합니다. 공화당은 거의 종교적이라고 할 정도로 총기 규제 반대에 거부감을 표출합니다. 헌법이 허용하고 있다는 해석 하나를 가지고 상식적 규제마저 거부하죠. 그 덕분에 청소년은 술을 살 수는 없지만 총기는 쉽게 구입할 수 있습니다.

전쟁터에서나 볼 수 있는 총기도 살 수 있죠. 규제를 가하고 있는 주도 있지만, 온라인 구매 등 합법적 통로는 얼마든지 있습니다. 총기 관련 사고에 대한 연구조차 하기 힘듭니다. 민주당 정부가 규제를 만들면 공화당 정부나 의회가 이를 풀어버리죠. 이외 동성결혼 등 성소수자의 전반적 논란, 기독교의 정치적 역할 등 문화사회적 측면에서 극명한 대립이 이어집니다. 하지만 뚜렷한 대립은 대부분 문화사회적 측면에만 국한됩니다. 외교 문제에서 양당 모두 미국 패권을 추구한다는 데서 다르지 않죠. 경제 정책도 기본적으로 경쟁적 시장주의라는 큰 틀에 동의합니다.

　양당 사이에 논란이 있어도 굉장히 제한적입니다. 다수가 싫어하는 정책을 펼치는 순간, 즉 중간에서 멀어지는 순간 상대방에게 중도 표를 빼앗기기 때문입니다. 오바마케어로 불리는 의료보험제도가 좋은 예입니다.[6] 민주당이 가장 야심 차게 내놓은 정책이니만큼 공화당의 반대가 격렬했죠. 트럼프 대통령도 오바마케어를 끝장내겠다고 공언했고 공화당 의원들도 이를 약화하기 위한 법안을 끊임없이 통과시켰죠. 대립은 오바마 정부 초기로 거슬러 올라갑니다. 과도한 의료비, 불안한 의료보험제도 등은 깊고 심각한 문제가 된 지 오래였습니다. 오바마가 백악관에 입성하자마자 개혁을 밀어붙였죠. 오바마케어의 주요 내용은 의료보험 의무화, 빈민에게 제공되던 공공보험인 메디케이드Medicaid 확대, 헬스케어 익스체인지Healthcare Exchange 설치를 통한 보험 정보 제공 등입니다. 이를 통해 의료시장을 개선하고 살인적인 의료비를 낮추려 했습니다. 공화당은 당장 이를 연방정부의 간섭이라며 발끈했습니다. '개인에게 보험을 들라고 강제할 수 없다', '사람들이 알아서 한다', '시장에 맡겨라' 등 시장 기능을 강조하며 현상 유지를 고집했죠. 일부 공화당 주지사는 오바마케어를 거부하고 연방정부의 재정 지원도 걷어차버렸습니다. 공화당의 반발만 보면 마치 오바마케어가 왼쪽으로 한참 치우친 정책이라고 여겨지기 쉽죠.

하지만 큰 틀에서 보면 민주당은 정부 개입을 통해 시장을 수정하려 했을 뿐입니다. 오바마케어의 중심축인 익스체인지도 사실 시장의 투명화죠. 개인의 의료보험 가입 의무화도 의료보험 시장을 확대하는 조치였습니다. 공공성 확장은 메디케이드 확대에 국한됐고 그나마도 굉장히 제한적이었죠. 오바마케어가 논의될 때에도 이런 지적은 많았습니다. 진보 세력뿐만 아니라 민주당 내에서도 '공정한 시장'을 넘어 적극적 국가 개입을 요구하는 목소리가 있었습니다. 의료비용을 정부가 대부분 부담하는 단일보험자체제Single-payer healthcare를 영국, 캐나다 등은 이미 시행하고 있죠. 미국도 이를 받아들이자는 목소리가 개혁 초기에 나왔지만 오래가지 못했습니다. 민주당 내에서조차 이것이 너무 과격하다고 봤기 때문입니다. 정부 보험을 팔아 시장 경쟁에 참여하자는 방안도 나왔습니다. 하지만 이 또한 민주당 내부의 벽조차 넘지 못했습니다.[7] 진보정권이라면 추진할 만한 정책이었습니다. 북유럽뿐 아니라 상대적으로 보수적인 영국에서조차 뿌리를 내린 것이니까요. 하지만 미국에서는 민주당도 엄두를 못 낼 만큼 파격적인 발상인 셈이죠. 이를 뒤집어보면 가운데 자리를 차지하고 그곳에서 조금도 발걸음을 떼지 못하는, 뗄 필요가 없는, 뗄 수 없는 민주당의 처지를 보여준다 하겠습니다. 그 가운데 자리 중 가장 중요한 사안은 자본주의를 더 강하게 만드는 것이죠. 여기에 민주당이나 공화당이나 동반자입니다. 애초에 차이가 굉장히 작은 상태에서 경쟁을 하는, 그래서 대립이 심각해 보이지만 사실은 그렇게 보일 뿐인 경우가 대부분입니다. 그린뉴딜[8]로 불리는 환경 정책이 민주당 주류와 공화당에서 동시에 공격받은 것도 한 예입니다. 최저임금 인상에 소극적이고, 사기업을 맹신하고, 자유무역을 신성화하는 것도 비슷하죠. 이런 소위 미국 정신을 지키려는 외교 정책에서 양당의 차이는 더욱 작아집니다. 전 세계를 압도하는 무력 유지는 어느 당이 백악관을 장악하건 간에 달라지지 않습니다. 부시 대통령의 '악의 축' 발언과 2003년 이라크 침공을 떠올리면 공화당이 더 호전적일

듯하죠? 하지만 민주당의 클린턴 대통령(1994년), 오바마 대통령(2016년) 등도 북한 핵시설 폭격을 심각하게 고려했습니다. 평화를 사랑해서가 아니라 폭격 후 혼란이 걱정돼 포기했을 뿐입니다. 실제 이들은 외국 침공을 서슴지 않았습니다. 특히 오바마 대통령은 2009년 노벨 평화상을 받고서도 리비아의 카다피 정권을 공격하는 야누스의 얼굴로 비웃음을 샀죠.

양당제가 두 정당을 비슷하게 만들면서 정치는 중도화됩니다. 앞의 그림에서 봤듯이 두 정당은 가운데에서 만납니다. 어느 쪽이 집권하더라도 극우, 극좌의 실망은 클 수밖에 없죠. 양극단의 목소리는 소외될 수밖에 없습니다. 이는 양날의 칼과 같습니다. 우선 '소외 문제'가 있습니다. 민주사회는 다양한 목소리가 공존하며 토론과 논쟁을 통해 합의를 추구합니다. 모두 동의할 수는 없어도 절차적 정당성을 바탕으로 수긍하는 것이죠. 하지만 이 절차에서 배제됐다고 느낀 세력은 민주체제 자체를 거부할 우려가 있습니다. 그렇다고 극단주의를 수용하다보면 오히려 중도, 즉 다수의 목소리가 무시될 수도 있죠. 민주체제가 결국 다수의 정치라고 한다면 이는 민주주의를 위협할 수도 있습니다.

좋은 예가 이스라엘입니다. 이스라엘의 의회 선거는 전국이 하나의 지역구로 치러지고 정당 투표로 의석을 배분하죠. 다수당 연정을 통해 과반을 확보하고,

내각을 구성합니다. 크네세트로 불리는 이스라엘 의회에 의석을 얻기 위해서 한 정당은 최소 3.25%를 득표하면 됩니다. 소수 정당의 진입 벽이 상대적으로 아주 낮은 편이죠(유럽 의회는 이 장벽이 보통 5%입니다). 그래서 소수 정당이 넘쳐납니다. 2020년 12월 현재 20개가 넘는 정당이 의석을 차지하고 있습니다. 여당 정당 연합은 우파 리크투당, 라이벌인 청백당blue and white party이 각각 30석이 넘는 의석으로 이끌고 있습니다. 이를 비롯해 한 자릿수 정당까지 11개 정당이 모여 있죠. 정부를 유지하려면 이들의 의석수가 필수적입니다. 그러니 의석수가 적어도 이들의 의견과 정책을 무시할 수 없습니다. 소수 정당의 목소리가 큰 영향을 끼칠 수 있는 배경이죠. '유대인의집'이란 정당 같은 경우는 단 1석밖에 없지만 여당 연합에 속해 있습니다. 이 당은 팔레스타인 영토 합병을 요구해왔습니다. 이스라엘 정부의 팔레스타인 접근을 굉장히 호전적으로 이끄는 한 요인이죠. 유대 근본주의 집단인 '하레디 유대인'의 병역 논란도 한 예입니다. 이들은 유대교를 지킨다는 명목으로 병역 면제를 받아왔지만, 전체 인구 10%로 성장하며 그 예외로 생긴 구멍이 너무 커졌죠. 이에 따라 일반인들의 불만도 커졌습니다. 여러 논란 끝에 2017년 대법원이 이 면제가 위헌이라고 밝혔지만, 정치권은 개선에 속도를 못 내고 있습니다. 내무부 장관이 이 법원 결정에 반대하는 종교 정당인 샤스당의 당수이기 때문이죠.[9] 이 문제로 연정이 무너지기도 했습니다. 이스라엘 유권자 다수는 속이 탈 수밖에 없습니다. 극단적 소수 의견이 다수의 발목을 잡는 일이 되풀이되고 있으니까요. 팔레스타인 정책도 비슷합니다. 다수의 뜻에 비해 정부 정책은 지나치게 억압적입니다. 이 압제가 너무 지나쳐 이스라엘이 과연 민주국가인가 하는 비판도 적지 않습니다. 민주주의의 원칙이 민주주의를 약화시키는 꼴입니다. 이에 반해 양당제, 그리고 여기서 파생되는 정치 중도화는 이런 극단 세력의 제도 정치 진입을 어렵게 하는 순기능을 갖고 있습니다.

중력민주주의, 제3지대는 존재할 수 없다

양당제는 단순히 두 당이 주도하는 체제가 아닙니다. 이를 가능케 한 다양한 제도 모두를 포함하죠. 그 영향 또한 만만치 않음을 살펴보았습니다. 저는 이런 체제를 중력민주주의라 부르겠습니다. 중력은 모든 것을 가운데로 끌어들입니다. 그 힘은 말 그대로 우주적이어서 표면의 모든 것의 움직임과 형태를 좌지우지하죠. 모든 물줄기를 아래로 당기고 그 당긴 물로 땅을 파냅니다. 체조 선수의 멋진 도약도, 4번 타자의 빠른 스

윙도 그 중력을 이겨내려는 몸짓입니다. 새들의 날갯짓, 비행기의 엔진 소음도 마찬가지입니다. 그 몸짓이 아무리 웅장하고 화려해도 한시적입니다. 결국은 중력에 지고 땅으로 내려오고 말죠. 미국의 민주체제도 그렇습니다. 양당제라는 정치적 중력이 지배합니다. 수많은 정치 세력이 중력에 도전했습니다. 하지만 모두 실패했죠. 이름 모를 정당이 무관심 속에 생기고 사라졌습니다. 심지어 대통령 선거에 참여한 정당조차 관심을 끌지 못합니다. 정치 신인, 정치자금, 미디어의 관심 등 모든 것이 가운데로 몰려듭니다. 이들이 다 가져갔으니 중도 자리 외에는 남은 것이 없습니다. 척박한 토양이 아니라 토양 자체가 없는 셈이죠. 양당의 정책과 가치가 정치판뿐 아니라 일상을 지배합니다. 그러니 제3지대 정당, 제3지대 정치인의 실패는 이들이 모자라서가 아닙니다. 그 중력을 이길 힘이 없어서죠.

앞서 논의한 버니 샌더스 무소속 상원의원은 이 중력민주주의의 아픈 면을 잘 보여줍니다. 2020년 대선뿐 아니라 2016년 대선에서도 샌더스 돌풍은 굉장했습니다. 민주당 경선에서 선두주자로 떠오르며 젊은 층과 노동자의 전폭적 지지를 받았죠. "Feel the Bern"[10] 이라는 구호가 민주당을 뒤흔들었습니다. 샌더스의 시각은 분명했습니다. '미국 사회 문제의 근원에는 자본주의가 있다', '자본주의를 대폭 수정해야 한다', '그 방안은 사회민주주의다'. 이는 전통 민주당 주장에서 왼쪽으로 한참 벗어나 있었죠. 사실 샌더스 의원은 민주당 당원도 아닙니다. 하지만 이런 면이 오히려 샌더스를 민주당 전당대회의 스타로 만들었습니다. 미국 주요 문제, 특히 빈부격차는 기존 방식으로 해결될 수 없음을 많은 이들이 감지했고, 샌더스의 새로운 시각에 열광한 겁니다. 덕분에 민주당 주류 스타였던 힐러리 클린턴뿐 아니라 부통령이었던 조 바이든도 샌더스 의원을 상대로 힘든 당내 경선을 치렀습니다. 선두 자리를 내주기도 하며 간신히 민주당 대선 후보로 지명됐죠. 특히 2016년 대선에서 샌더스가 민주당 후보였다면 트럼프를 이겼을 것이라는 평가도 있었습니다. 샌더스를 지지하다 힐러리가 당내 경선에서 이기자 트럼프에게 간 민주당 지지층이 많았습니다. 그만큼 샌더스 의원은 굉장했습니다. 그의 아이디어는 노동자계층을 끌어모았고, 털털한 면모는 대중성을 높였습니다. 시장으로서, 연방의원으로서 경력도 화려했죠. 그런 샌더스마저 제3지대의 한계를 극복하지 못했습니다. 제3지대에서 권력을 펼 수 없음을 알고, 민주당 경선에 뛰어들었던 거죠. 하지만 그는 민주당 후보가 되지 못했습니다. 자질과 인기만 보면 민주당 후보가 되고도 남았습니다. 하지만 너무 왼쪽에 치우쳐 있다는 불안감이 민주당 당원 사이에 깔려 있었죠. 결국 샌더스는 그 중도층의 불안감을 이기지 못했습니다. 정치 중력을 극복하지 못한 것이죠.

사회 전반을 고려하면 중력민주주의는 순기능이 분명히 있습니다. 정치 중도화를 통해 극단 세력을 희석시키니까요. 하지만 극단 세력에서 볼 때 중력민주주의는 곧 정치적 고립을 의미합니다. 공산주의 혁명을 원하는 극좌도, 폐쇄적 민족주의를 추구하는 극우도 자기 목소리를 대변하는 정당에 기댈 수 없습니다. 샌더스 의원과 그 지지층에서 보듯, 극좌는 둘째 치고 사회민주주의조차도 뿌리를 못 내립니다. 대부분 그 존재 자체가 변변치 않고, 정당이 있어도 연방의회에 진출할 가망이 거의 없기 때문입니다. 미국 내 제3지대 정당은 그 존재가 미미합니다. 그러니 그 정당들을 지지하는 이들은 정당정치에 아예 참여할 수조차 없죠.

그럼 이들은 어떤 것을 선택할 수 있을까요. 우선 정치에 무관심해지기 쉽습니다. 자본주의체제를 바꿔 완전히 새로운 사회를 건설하고 싶은 이들, 백인우월주의를 보장하는 사회로 돌아가고 싶은 이들에게 민주당과 공화당의 싸움은 무의미하죠. 별다른 도리가 없으니 아예 제도권 정치에 무관심해집니다. 그다음으로 선택할 수 있는 것은 탐탁지 않은 정치 참여입니다. 앞에서 본 아담의 경우처럼, 제도권 정치 세력 중 그나마 자신과 비슷한 주장을 하는 세력을 지지하게 되죠. 자본주의체제의 변화를 원하는 이들이 그나마 거대 자본에 경계심을 가진 민주당에 하는 수 없이 투표하는 상황과 같습니다. 자본 규제를 풀고 환경을 파괴하는 공화당을 막으려는 선택이죠.

제도권 밖 정치활동에 적극 나서기도 합니다. 제도권 정치가 소용없다고 결론 내렸지만, 뭔가는 해야겠다 싶은 이들의 종착역은 다양합니다. 스스로 조직화하는 경우가 그중 하나죠. 좌우 어느 쪽에서도 관심을 주지 않자, 결국 스스로 거리로 나갔던 흑인 인권운동가들이 대표적 예입니다. 1960년대 인권운동은 마틴 루서 킹 등 상징적인 이들이 선도했습니다. 2020년 벌어졌던 '흑인 생명도 소중하다Black Lives Matter' 운동 또한 젊은 운동가들이 이끌었죠. 1980년대부터 뜨거워진 보수 기독교계의 정치 참여 또한 비슷합니다. 1960년대의 흑인 인권 개선, 1970년대 낙태 허용 등 사회 진보에 대항하고자 스스로 나섰죠.

어떤 이들은 무장 세력화를 선택하기도 합니다. 이들은 민병대를 조직하고 훈련도 합니다. 이런 선택을 하는 이들 대부분은 극우 성향입니다. 백인 남성이 우월했던 시절, 기독교로 사회가 통합되던 그 '좋았던 옛날'로의 회귀를 추구합니다. 정도와 규모의 차이는 있지만 이런 성향의 무장 단체는 미국 어디에서나 쉽게 볼 수 있습니다. 심지어 극단적 행동에 나서는 이들도 있습니다. 가장 대표적인 경우는 1995년 오클라호마 테러 사건이죠. 주범 티모시 맥베이는 백인우월주의와 반연방정부 정서에 심취하다 연방정부가 극우주의 단체를 핍박한다고 믿고 공격을 결심합니다. 그 결과 오클라호마시 연방정부 건물을 폭파해 170여 명이 사망하고, 700여 명이 다쳤습니다. 이런 선택은 위험합니다. 그 위험이 너무 크기에 지지자가 극히 제한적이고 일반의 지지를 받기도 힘들죠. 그런 탓에 이들의 정치적 위협은 제한적입니다.

소외된 이들이 도착할 종착역 중 가장 위험한 곳은 아마 선동가와의 결합일 겁니다. 자기가 듣고 싶어 하는 말을 해주는 선동가를 좇아 제도권 정치에 참여합니다. 정당을 만들거나 기존 정당을 접수해 선동가의 권력 추구에 동참합니다. 오랫동안 무시되었던 내 목소리, 울분, 소외를 드디어 인정해주는 사람이 나타났으니 그를 열광적으로 따르게 됩니다. 그 선동이 아무런 근거도 없고, 사실과도 맞지 않으며, 뻔한 거짓말이라고 해도 말이죠. 미국 민주체제에서 과연 이런 일이 가능할까 싶지만 한 번씩 일어나곤 합니다. 1950년부터 1954년까지 미국을 휩쓴 공산주의자 색출 열풍, 매카시즘McCarthyism이 한 예입니다. 매카시라는 한 정치인의 선동이 당시 미국 사회를 발칵 뒤집어놓았죠. 최근에도 그런 일이 벌어졌습니다.

4장

미국 민주주의의 오발탄

미국의 민주체제는 오랜 전통을 이어왔습니다. 흔들림이 없지는 않았죠. 남북전쟁 때는 전쟁을 치를 만큼 대립이 치열하기도 했습니다. 여성, 흑인 등의 참정권 보장은 20세기에 들어와서 이루어졌죠. 흑인 차별은 아직도 완전히 사라지지 않았습니다. 그래도 민주체제가 사라지는 대신 계속 보완되며 발전한 점은 놀랍습니다. 그만큼 그 체제의 굳건함을 보여주는 것이죠. 하지만 도전은 21세기에도 그치지 않았습니다. 트럼프에게서 시작된 위기는 전례가 없었죠. 반란군이나 외적, 극단적 세력이나 폭력 조직이 아닌 바로 헌법을 지켜야 할 대통령에게서 나온 위기였으니까요. 이 장에서는 트럼프 대통령의 행태를 짚어보며 그가 초래한 민주체제의 위기를 살펴보겠습니다.

성추행, 막말, 혐오발언··· 대통령의 도덕적 파탄

우리는 정치 지도자에게 도덕적 기대를 합니다. 나라를 대표하는 사람이니 도덕적 기준에 어느 정도 맞거나, 아니면 이보다 더 낫기를 바라죠. 물론 지도자가 그 기대를 늘 충족하지는 못합니다. 클린턴 대통령의 성추문이 그 한 예입니다. 그래도 우리는 계속 정치 지도자에게 기대를 하고, 보통은 그 기대에서 크게 벗어나지 않습니다. 도덕적 기대란 게 원래 상식선이니까요. 우리 사회의 일원이라면 이 정도는 따라야 한다는 기대는 지도자가 갖춰야 할 최하한선의 자격인 셈입니다. 여기에도 미치지 못하는 이가 정치권력을 휘둘러서는 안 된다는 합의랄까요. 이 사회적 합의는 정치권력을 견제하는 역할도 합니다. 물론 그래도 정치 지도자는 인민을 속이고, 예외도 계속해서 만들죠. 사과를 하며 스리슬쩍 넘어가기도 합니다. 그래서 다 똑같이 나쁜 놈들이라는 야유도 받지만, 그 하한선마저 없다면 어떻게 될까요. 지도자 당사자뿐 아니라 정부에 대한 신뢰도 떨어질 겁니다. 여러 정책에 대한 불신도 커질 테죠. 효율적 국정 운영은 힘들어지고 정쟁은 더욱 날카로워질 공산이 큽니다. 한마디로 지도자가 지도자 노릇을 하지 못하는 형국으로 이어지기 쉽습니다. 그런 끔찍한 지도자가 민주주의 선진국이라는 미국에 나타났습니다. 바로 트럼프입니다.

트럼프는 후보 시절부터 논란이 많았습니다. 성추행을 일삼았을 뿐만 아니라 이를 부끄러워하기는커녕 자랑하고 다녔죠. 이것도 모자라 피해자들에게 돈으로 입막음까지 시도해 법적 논란도 일었습니다. 대통령 퇴임과 동시에 면책권을 잃은 트럼프에 대한 전방위적 조사가 이루어지고 있습니다. 특히 뉴욕주 검찰은 입막음, 탈세 등 주요 혐의점을 정조준하고 있죠. 사실 그의 성추문 논란은 1990년대부터 끊임없이 있었습니다. 정치판에 뛰어들고 대통령까지 되자 보다 못한 피해자들의 폭로가 터지기 시작한 것이죠. 자기 호텔에 온 손님, 자기 티브이 프로그램 출연자, 자기 선거캠프 종사자, 트럼프 회사 노동자 등 상대도 가리지 않았습니다. 어떻게 그렇게 오랫동안 이런 행각을 이어올 수 있었을까. 트럼프는 오히려 자신의 비결을 자랑했죠. "난 그냥 키스해. 기다리지도 않아. 스타가 되면 저항도 안 해. 다 할 수 있어Just kiss. I don't even wait. And when you're a star, they let you do it, you can do anything."[1] 공개된 피해자만 20명이 넘지만 주변의 증언을 보면 실제 피해자는 몇 배가 되리라 짐작할 수 있습니다. 도덕적 문제일 뿐 아니라 심각한 범죄행위일 수도 있죠. 이외에도 여러 성적 행각이 공개돼 빈축을 사기도 했습니다. 세 번째 부인인 멜라니아가 임신한 상태에서 포르노 스타 스토미 대니얼스와 성

관계를 가진 사실이 드러난 것이 그 예 중 하나입니다.

거짓말도 밥 먹듯이 했습니다. 대통령 취임 후 하루 평균 50개의 거짓말을 했으니 눈을 뜨고 있을 때는 계속 거짓말을 이어간 셈이죠. 이를 모은 책까지 나올 정도였습니다.[2] 그의 거짓말은 너무 광범위하고 일상적이어서 놀랍습니다. 국경 장벽을 '멕시코 돈으로 지을 거다', '장벽을 많이 지었다', '오바마케어를 해체했다', '선거에서 계속 이기고 있다', '생산직이 돌아오고 있다', '당신들이 엘리트다' 등등 주제에 한계가 없었습니다. 거짓말을 거짓말로 덮으며 논란을 잠재울 정도였으니까요. 언론을 포함한 청중은 거짓말 하나를 제대로 평가하거나 논의할 틈도 없이 다음 거짓말을 들어야 했습니다. 그러니 그가 거짓말을 했다는 막연한 잔상만 남고 그 거짓말의 내용, 파장, 책임 소재 등을 따지지 못했습니다. 물론 트럼프는 부끄러워하는 기색조차 없었죠. 오히려 너무 뻔한 거짓말을 너무나 태연스럽게 했습니다. 대통령 취임식에 최대 관중이 몰렸다고 했지만, 사진을 보면 오바마 취임식 때보다 형편없이 적은 인원이었죠. 이 거짓말을 진짜로 보이게 하기 위해 백악관의 대변인을 내세우고, 사진도 조작하는 해프닝이 벌어졌죠.[3] 웃음거리가 됐지만, 그 뒤로도 트럼프 대통령은 틈만 나면 이 거짓말을 반복해서 주위를 당황하게 했습니다.

샤피게이트Sharpie Gate도 유명합니다. 2019년 9월 트럼프 대통령은 허리케인 도리안이 앨라배마주에까지 영향을 끼칠 것이라고 잘못 말했습니다. 정부 차원의 혼선이 뒤따르고 트럼프에 대한 비판이 일었습니다. 그러자 그는 직접 반박 브리핑에 나섰죠. 그가 제시한 지도에 나와 있는 허리케인의 예측 이동 경로가 이상해 보였습니다. 앨라배마주가 도리안의 영향권에 들어 있음을 보여주는 부분은 마커펜으로 엉성하게 그려져 있었습니다. 누가 봐도 웃음이 나오는, 어설픈 장난이었습니다. 누가 그 경로를 그렸는지 알려져 있지는 않지만, 평소 트럼프 애용품인 마커 브랜드 샤피펜으로 그려져 있었으니 짐작은 가능하죠. 난 잘못이 없고 자료를 보고 말한 것이라는 식의 변명을 위한 브리핑이었지만 오히려 사태를 악화시켰습니다. 게다가 국립해양대기청의 반박이 나오자, 백악관은 트럼프의 주장을 지지하라며 협박까지 했죠. 대통령의 거짓말 공세는 정직과 거짓에 대한 인식마저 바꿨습니다. 공화당 지지자들 설문조사를 보면 '정직이 중요하다'고 응답한 비율이 2007년 71%에서 2018년 49%로 떨어졌습니다. 이들은 사실과 거짓의 구분도 받아들이기를 거부했습니다. 사실을 사실로 받아들이지 않고, 주관적 사실 또는 "대안적 사실alternative fact"이 있다는 괴변을 늘어놓았죠. 이를 통해 자신의 트럼프 지지를 합리화했습니다. 사람들은 이게 사실이냐, 아니냐를 따지는 대신, 누구의 말을 따르느냐로 사고하기 시작했습니다.

혐오발언도 문제입니다. 트럼프는 소위 '비주류'에 대한 혐오를 부추기는 발언을 공공연하게 이어갔습니다. 2018년 초선 하원의원 4명이 스타가 됐습니다. 젊은 여성으로 모두 기독교계 백인 전형이 아닐 뿐 아니라, 이를 당당하게 여기는 모습으로 주목을 받았죠. 자신보다 인기가 많은 꼴을 못 견디는 트럼프는 미국 시민인 이들에게 "너희 나라로 돌아가라"고 쏘아붙였습니다. 이 중 한 명인 소말리아계 일한 오마 의원을 두고 그가 알카에다를 추종했다며 공격했죠. 국회의원한테도 이럴진대 일반인들에게는 어떨까요. 멕시코 이민자들을 향해 "마약범, 범죄자, 강간범들"이라고 싸잡아 모욕하는가 하면, "세금을 축내는 테러의 근원"이라고 비난했습니다. 이민자 또는 이민자처럼 보이는 이들에 대한 적대감만 부추겼죠. 가족 이민, 속지주의 등 이민 시스템 전체를 헐뜯으며 미국이 이민자의 나라임을 부정했습니다. 흑인 비하 발언도 계속했습니다. 볼티모어 흑인 거주지는 "쥐가 들끓는 곳"이라고 조롱했습니다. 한 흑인 운동가에게는 "혼내줘야rough up"겠다, 다른 이에게는 "얼굴을 한 대 치고 싶다" 등 협박을 이어갔고, 실제로 폭행을 저지른 트럼프 지지자가 나타났죠.[4] 비유럽계 문명은 모두 열등하다는 인식을 주저 없이 드러내기도 했습니다. 아이티와 아프리카는 "똥통shithole"으로, 이슬람교도를 "이 나라의 문제a problem in this country"로 불렀습니다.[5] 코로나19 바이러스를 "중국 바이러스"로 불러 인종차별 논란을 일으키기도 했습니다. 미국 코로나19 사태의 원인으로 중국을 들어 자기 잘못을 덮어보려는 수작이었죠. 하지만 동양계 시민에 대한 적대감을 불러일으킬 수 있다는 지적에 그는 오히려 "중국"을 희화화하며 중국을 강조했습니다. 이런 발언을 대통령이 했다는 것 자체가 큰 충격입니다. 하지만 그 파장 또한 굉장히 심각했습니다. 혼내주라는 트럼프의 말에 지지자들은 실제로 폭행을 행사했죠. 하지만 이는 작은 시작에 불과했습니다. 곧 극우 무장 단체들이 일어났습니다. 그들은 흑인 인권 시위 현장에 나타나 위협하고 폭행을 가하기도 했습니다. 살인까지 이어졌습니다. 하지만 대통령은 이들을 두둔하기만 했죠. 2017년 샬롯츠빌에서 극우 테러범이 차를 몰아 한 인권운동가를 살해했습니다. 이를 두고도 트럼프는 양쪽에 다 착한 사람들이 있다며 테러 단체를 비난하지 않았죠. 2020년 한 TV 토론에서 진행자가 '백인 우월주의 테러 단체 프라우드 보이스Proud Boys에게 폭력을 행사하지 말고 물러나라'고 말할 수 있느냐고 하자, 트럼프는 "프라우드 보이스, 물러나라"라고 말하고 이어서 "대기하라stand by"라는 말을 덧붙였습니다.[6] 이 말을 지지자들은 '좌파를 공격해도 된다'라고 받아들일 수밖에요. 이는 결국 2021년 1월 6일 의회 무력 점령 사태로 이어졌습니다. "중국 바이러스" 발언도 비슷한 결과로 이어졌습니다. 동양계 시민에 대한 증오 범죄가 심각한 사회문제로 떠올랐죠. 결국 2021년 3월 조지아주에서 한 백인 청년이 6명의 동양계 여성을 비롯해 8명을 살해하는 일로 이어졌습니다.

대통령의 도덕적 파탄은 도덕적 문제로만 그치지 않았습니다. 대신 사람들의 판단을 흐리며 정치권에 대한 견제 기능을 마비시켰습니다. 증오가 감정의 벽을 넘어 행동으로 전환됐습니다. 총으로 싸우지 말고 입으로 싸우라고 있는 정치판이 오히려 총싸움을 부추기며 사회질서를 교란했죠. 대통령의 도덕적 파탄이 사회, 정치적으로 얼마나 위험한지 보여주었습니다.

끝없는 사적 이익 추구

도둑정치kleptocracy는 지도자가 정치권력을 악용해 나라의 부를 착복하고 자기 부를 늘리는 행태를 말합니다. 트럼프가 이에 딱 맞는 경우입니다.[7] 미국 헌법은 공직자가 타국 또는 타인의 돈을 받는 것을 금지하고 있습니다The Emoluments Clause. 대통령의 수익도 월급으로

만 제한합니다. 권력을 이용한 사적 이익 추구를 막기 위해서죠.[8] 트럼프는 이를 깃털보다도 더 가볍게 여겼습니다. 대통령이 되면서 트럼프는 그룹 경영을 아들들에게 맡겼습니다. 이 규정과 주변의 압력 때문이었습니다. 하지만 가족의 경영이 계속됐으니 트럼프의 영향력이 여전할 거라는 건 누구나 쉽게 짐작할 수 있었죠. 게다가 트럼프의 탐욕도 사라지지 않을 거라고 예측됐습니다. 그런 예측과 우려는 바로 현실이 됐습니다. 백악관 공식 연회나 각종 행사를 트럼프가 소유한 리조트, 호텔에서 열었죠. 트럼프 회사는 과다한 행사 비용을 정부에 청구했고,[9] 세금이 트럼프의 주머니로 흘러들어갔습니다. 본인 휴식도 자신이 소유한 리조트에서 보냈습니다. 대통령이 가니 대규모 경호팀도 따라갈 수밖에 없습니다. 호텔은 이들의 체류비도 정부에 청구했습니다. 2020년 10월 말까지 트럼프는 이런 식으로 자기 리조트를 무려 280여 번 이용했고, 숙박비로 250만 달러를 지불했습니다. 재선팀 또한 각종 선거 행사를 트럼프가 소유한 시설에서 열면서 560만 달러를 썼죠.[10] 다른 곳에서 훨씬 더 싼 가격에 행사를 할 수 있었지만, 굳이 비싼 돈을 내고 트럼프 소유 호텔을 고집한 것이죠. 민주권력의 정당성에 큰 흠집을 냈지만, 트럼프는 아랑곳하지 않고 트럼프 정부가 트럼프 회사에 돈을 내는 탐욕스런 작태를 이어갔습니다.

트럼프가 원하는 게 무엇인지 뻔했습니다. 사람들의 반응 또한 뻔했습니다. 백악관 바로 옆에 트럼프 인터내셔널 호텔Trump International Hotel Washington, DC.이 있습니다. 대통령에 취임하기 직전에 문을 열었죠. 1899년에 세워진 우체국 건물을 개발해 호텔로 변신시킨 겁니다. 무엇보다 그 건물은 시계탑으로 유명했습니다. 워싱턴 DC는 뉴욕 등 다른 대도시와 달리 고도 제한이 있습니다. 워싱턴 기념탑Washington Monument, 의사당 등 공공건물을 가리지 않기 위해서입니다. 이 때문에 그 시계탑에 올라가면 워싱턴 시내를 한눈에 내려다볼 수 있었습니다. 호텔로 바뀐 뒤에는 이제 일반인은 쉽게 들어갈 수 없게 되었죠. 대신 비싼 값을 지불하는 이들에게는 인기 만점이었습니다. 호텔이 좋아서라기보다 트럼프에게 눈도장을 찍을 수 있기 때문입니다. 당장 정부에 기대할 게 있는 사람들이 이 호텔로 몰렸습니다.[11] 학교 소유 부동산 허가를 위해 로비를 하던 플로리다의 엠브리-리들 항공대학교Embry-Riddle Aeronautical University가 트럼프 호텔에서 7만 5000달러를 쓴 일이 있습니다. 그 뒤 어떻게 되었을까요. 트럼프가 직접 나서서 쉽게 허가를 내주었죠. 플로리다 마라라고 등 트럼프 소유 리조트 대부분에서 이런 비슷한 일이 이어졌습니다. 불법 여부에 대한 논란은 있지만 부패임은 틀림없습니다. 그것도 이렇게 뻔히 드러날 행각을 부끄러움도 없이, 거리낌도 없이 이어갔다는 사실이 놀라울 뿐이죠.

대선이 끝난 후에도 도둑정치는 멈추지 않았습니다.[12] 선거가 끝났지만, 트럼프 캠프는 모금을 이어갔습니다. 선거 후 있을 각종 정치, 법적 공세에 대비한다는 명목이었죠. 한 달 만에 무려 2억 달러가 넘는 돈이 모였습니다. 이 자금은 거의 규제를 받지 않을 듯합니다. 덕분에 트럼프 측은 마음대로 이 돈을 쓸 수 있습니다. 자기 호텔에서 행사를 열어도, 골프장에서 연회를 가져도 얄팍한 변명거리만 있으면 법적으로 문제될 게 없는 돈이죠. 이래저래 트럼프 그룹은 돈을 벌었고 트럼프 가족은 행복했겠죠. 하지만 정책이 돈 대는 사람 입맛에 맞게 요리된다는 인식이 퍼졌으니, 정부에 대한 신뢰는 떨어질 수밖에요. 트럼프는 물러났지만, 그 여파는 오래갈 듯합니다. 물론 민주체제의 민낯이 훤히 드러났다고도 볼 수 있습니다. 민주체제라 해도 돈의 힘은 꺾을 수 없다는 것을 보여줬으니까요.

삼권분립을 무너뜨리다

삼권분립은 미국 민주체제의 한 핵심입니다. 트럼프같이 권위주의적인 대통령이 나올 사태를 막고자 고안됐죠. 자연히 트럼프는 이를 탐탁지 않아 했고, 끊임

없이 약화하려 했습니다. 그는 걸핏하면 대통령의 권한은 "절대적total"이라고 말했습니다.[13] 물론 그렇게 될 수 없습니다. 하지만 트럼프는 이를 실제로 믿었거나, 아니면 그렇게 만들고 싶었던 듯합니다. 의회와 법원을 대통령의 하위 기관쯤으로 여겼고 그렇게 대했죠.

법원에 대한 트럼프의 도전은 전례 없는 것이었습니다. 2017년 트럼프 행정부가 이슬람 국가 시민들의 미국 입국을 막자 법원이 제동을 걸었습니다. 트럼프는 분노했습니다. 이 판결을 내린 판사를 두고 "소위 판사라는 작자"라며 공개적으로 비난했죠. 2018년에도 자기 이민 정책에 제동을 건 판사를 가리켜 "오바마 판사"라고 하며 조롱했습니다. 대통령이 하는 일에 판사 따위가 간섭한다며 투덜거렸습니다. 사면을 남발한 것도 문제였습니다. 사면은 대통령의 고유 권한이지만 사법부의 판결을 뒤집는 행위입니다. 이런 이유로 전임자들은 사면에 신중했죠. 하지만 트럼프는 이 전통을 완전히 무시했습니다. 사면받은 이들의 면면을 보면 대중의 동정심을 산 이들은 별로 없었습니다. 대신 극우 인사, 살인자, 트럼프 자신의 범죄를 도운 최측근들이 줄줄이 사면을 받았죠.[14] 대표적 예가 2020년 11월에 사면된 전 국가안보 보좌관 마이클 플린입니다. 그는 미국 주재 러시아 대사와 접촉한 사실을 두고 연방수사국에 허위진술을 한 혐의로 2017년 기소됐고 자신이 유죄를 인정하기도 했죠. 트럼프의 발목을 잡은 러시아 게이트의 일부였지만 사면을 받았습니다. 트럼프는 이 사면을 통해 러시아 게이트 조사 자체를 무력화하려 했습니다. 내 말만 잘 듣고, 나에 대한 수사에 입 다물고 있으면 내가 구해주겠다는 신호이기도 했기에 이런 사면을 두고 비난이 거셌죠. 심지어 자기 자신을 미리 사면해버리려는 움직임까지 나와 정치적, 헌법적 논란을 일으켰습니다.

의회권력에도 도전했습니다.[15] 의회 고유 권한 중 하나는 예산권입니다. 돈을 주거나 뺏음으로써 행정부를 견제할 수 있는 거죠. 하지만 트럼프는 이 또한 극복해야 할 대상일 뿐이었습니다. 러시아 지원을 받는 반군과 싸우는 우크라이나 정부에 상원이 4억 달러 원조를 결정했죠. 트럼프는 집행을 거부했습니다. 대신 원조를 미끼로 우크라이나 대통령을 겁박했습니다. 자기 정적인 바이든 측 치부를 찾아내면 원조해주겠다고 말입니다. 적대국인 러시아의 도전에는 침묵하고, 이에 맞서는 우방을 협박한 사실이 알려지자 미국 사회는 충격에 빠졌죠. 자기의 사소한 정치적 이득을 위해 유럽 안보를 희생하는 그 과감함을 누가 믿을 수 있었을까요.[16] 우크라이나 지원은 의회의 결정일 뿐 아니라 미국의 외교 전통과도 맞닿아 있었습니다. 하지만 트럼프에게는 중요하지 않았죠.

멕시코 국경 장벽 건설은 의회를 무시하는 또 다른 예입니다. 이 프로젝트는 늘 논란을 부추겼습니다. 실효성은 둘째 치고 그가 말하는 장벽은 가능하지도 않으니까요. 미국-멕시코 국경은 그 길이만으로도 상벽 세우기가 불가능합니다. 그런데도 그는 멕시코 돈으로 장벽을 세우겠다고 주장했죠. 멕시코는 당연히 거부했습니다. 의회 또한 트럼프가 원하는 만큼 예산을 주지 않았습니다. 하지만 여기에서 멈출 트럼프가 아니었죠. 이 허황된 프로젝트를 위해 국방 예산을 끌어다 써버렸습니다. 2019년에 61억 달러를, 2020년에 72억 달러를 전용해버렸습니다.[17] 이렇게 억지로 세워진 장벽은 부실해서 아무 역할을 못하고 있습니다. 보통의 대통령이라면 의회의 견제에 그만뒀을 테지만 트럼프는 이를 무시하고 강행했던 것이죠. 내부 고발자의 고발 내용을 의회에 보고할 의무를 이행하지 않거나, 의회의 승인 없이 측근인 줄리아니에게 외교 정책을 맡기는 행태도 문제였죠. 의회 조사에도 비협조적이었습니다. 트럼프 탄핵 과정에서 증인 출석, 서류 제출 요구도 계속 거부했습니다. 행정부 감독이라는 의회 본연의 기능을 방해한 셈이었죠.

모든 정치인은 자신의 정치적 이익을 최우선에 두게 마련입니다. 하지만 제도와 전통을 무시하지는 못합니다. 우선 스스로에게 득이 되지 않기 때문이죠. 게다가 대통령이라는 자리에 오를 정도의 사람이라면 보통은 자기 이익 이상의 것에 관심이 있게 마련입니다. 제도와 전통을 중요시 여기죠. 트럼프는 애초에 공적 마인드가 없었고 이를 지키려는 의지도 없었습니다. 자신의 야심만 괴물처럼 키우다(트럼프의 사업가로서 행태 또한 추악하기 이를데 없습니다) 대통령이 됐으니 삼권분립이라는 나라 제도의 근간을 이해할 수도 없었고 받아들이지도 않았던 겁니다.

선거는 나를 위해서만 존재한다

선거는 민주주의의 바탕입니다. 공정한 선거는 그 핵심이죠. 하지만 트럼프는 이마저도 중요하게 생각하지 않았습니다. 자신의 승리만이 중요했죠. 이를 위해서 선거제의 정당성마저 흔들어냈습니다. 민주 지도자로서 해서는 안 되는 행위였습니다. 물론 '한국식 민주주의'를 외치던 독재자를 경험한 한국에서는 크게 놀랄 일은 아닙니다. 하지만 그런 일은 제3세계에서나 일어난다고 믿는 미국인들에게는 충격이었죠. 트럼프의 선거제에 대한 공격은 2016년 승리 직후부터 시작됐습니다. 선거인단 집계에서 트럼프는 306표로 승리했지만, 득표에서는 힐러리가 290만 표나 더 얻었죠. 트럼프는 '선거가 공정치 않았다', '불법 표가 섞였다', '불법적으로 이루어진 표를 빼고 나면 내 득표가 훨씬 많다'며 억지를 부렸습니다.[18] 헌법 질서를 수호할 의무가 있는 대통령이 부리는 억지라고는 믿기 힘들었죠. 게다가 '승리'가 성에 차지 않아 부리는 억지였으니 더 어이가 없었습니다. 자신이 이긴 선거마저 부정이라고 했으니 2020년 대선에 어떻게 임할지 걱정하는 목소리가 일찍부터 나왔습니다.

왜 이런 슬픈 예감은 틀린 적이 없을까요? 2020년 벽두 코로나19 바이러스 대유행으로 경제가 어려워지면서 트럼프의 재선 가도가 흔들렸습니다. 지지율이 떨어지자 트럼프는 바로 부정선거를 들먹이기 시작했습니다.[19] 우편투표가 주요 타깃이었죠. 코로나19 사태가 심각해지면서 사람들이 모이는 것을 막기 위해 우편투표가 확대됐습니다. 트럼프 측은 이런 조치가 달갑지 않았죠. 트럼프는 코로나19 바이러스가 별것 아니라며 정치적 타격을 최소화하려 했습니다. 마스크도 쓰지 않았고 각종 조처를 내리는 주정부 지도자들을 조롱했습니다. 이런 인식을 공유한 트럼프 지지자들은 자연히 우편투표 대신 선거 당일 투표소에 갈 공산이 컸습니다. 민주당 성향 유권자는 반대로 우편투표를 선호했죠. 그러니 우편투표의 확대는 민주당 표의 증가로 이어지라라는 전망이 나왔습니다. 그러자 트럼프는 우편투표는 조작될 가능성이 크다는 헛소문을 퍼뜨렸습니다. 불평으로만 그치지 않고 직접 행동에 나섰죠. 우편투표를 저지하고 그 정당성을 훼손하고자 자기 심복을 우정국장으로 임명했습니다. 이를 통해 우정국 예산을 삭감하고 우편배달 지연을 유도했습니다. 우편투표가 지연되면 그 지연 자체가 문제가 될 수 있죠. 우편투표의 정당성 자체를 문제 삼아 자신에게 불리한 표를 무효화하려는 의도가 반영된 조치였습니다. 공화당 의원뿐 아니라 공화당 소속 주정부, 심지어 백악관 내에서도 이런 정치 공세를 걱정하는 목소리가 나왔습니다. 선거의 정당성을 훼손할 뿐만 아니라, 공화당 유권자의 선거 참여를 떨어뜨릴 가능성을 인지했기 때문이었습니다. 트럼프는 자기의 선거 결과만 중요시했죠. 다른 공화당 후보들, 특히 박빙의 승부가 예측되는 곳의 공화당의 사정은 아랑곳하지 않았습니다. 공화당 지도부는 트럼프를 말리고 싶었지만 고양이 목에 방울을 달지 못한 쥐처럼 허둥지둥댔습니다.

선거 연기도 주장했죠. 미국 대선 스케줄은 헌법에 못 박혀 있습니다. 이 때문에 누구도 감히 바꾸려 하지 않았죠. 하지만 트럼프는 어떻게든 자기가 불리한 선거판에 불확실성을 극대화하려 노력했습니다. 선거의 정당성에 흠집을 냄으로써 선거에 진다 해도 어떻게든 권력 재창출의 길을 열어두고 싶었던 겁니다. 이를 뒷받침하기라도 하듯 트럼프는 '자신은 절대 선거에 지지 않는다', '만약 진다면 오직 부정선거 때문이다'라고 주장했습니다. 그러니까 이기면 공정선거, 지면 부정선거라는 말이었죠. 트럼프 지지자들은 그의 승리를 확신했고 "부정선거"를 진심으로, 심각하게 걱정했습니다. 자경단을 꾸려 선거를 감시하자는 이들도 나타났습니다. 당국은 이런 사조직은 불법이라며 경고를 내보내기까지 했습니다. 대통령이 직접 선거제도를 공격하는 초유의 사태에 많은 이들이 민주주의 자체를 걱정하는 지경에 이르렀습니다. 나아가 트럼프가 과연 선거 결과를 받아들일 것인지 의문을 가지기 시작했죠. 이런 의문 자체가 미국 민주체제의 바닥을 드러내는 것이었습니다. 하지만 트럼프는 이에 대한 확답을 거부함으로써 모두를 아연실색케 했습니다. 보통의 정치인이라면 이런 언행으로 큰 타격을 받을 테지만 트럼프는 그 보통의 정치인이 아니었습니다.

트럼프의 횡포로 미국 민주주의는 살얼음판을 기어가다시피 11월 선거를 치렀습니다. 트럼프는 부정선거라는 억지를 이어갔죠. 선거 개표는 예상대로 흘러갔습니다. 투표소에서 직접 작성된 표는 트럼프에게 유리했습니다. 이에 대한 개표가 빨리 이루어졌고, 트럼프는 일찌감치 앞서 갔죠. 이후 우편투표가 뒤늦게 집계되면서 그 차이가 좁아졌습니다. 바이든이 역전하기 시작한 거죠. 민주당 성향 유권자가 우편투표를 선호했으니 이들의 표가 늦게 집계될 테고, 덕분에 바이든이 초반 열세를 뒤집을 것이라는 예상 그대로였습니다. 하지만 이를 믿지 않았던, 받아드릴 수 없었던 트럼프는 '대법원까지 가겠다', '우리는 승리했다', '개표를 당장 멈춰라', '늦게 도착한 우편투표 용지는 무효다' 등 해괴한 주장을 반복했습니다. 하지만 개표는 계속됐고, 며칠 지나자 격전지에서 바이든의 승리가 이어졌죠. 트럼프 측은 환상의 끈을 놓지 않았습니다. '검표기가 해킹이 됐다', '법무부가 선거 조작을 찾아 조사하고 있다', '죽은 사람이 투표했다' 등등 온갖 헛소문을 생산하고 퍼다 날랐습니다.[20] 화난 트럼프를 거스를 수 없었던 공화당 지도부도 동조하고 나섰죠. 트럼프가 가능한 모든 것을 조사할 권리가 있다며 거들었고 측근들은 법정으로 달려갔습니다. 하지만 각 주 법원뿐 아니라 대법원까지 총 86명의 판사가 트럼프의 거의 모든 주장을 묵살했죠.[21]

법정 다툼이 실패로 돌아가자 트럼프는 정치적 압력을 넣었습니다. 조지아주, 펜실베이니아주 등 공화당 우세 지역의 주의회, 주지사들에게 선거 결과를 바꾸라고 요구했습니다. 선거가 끝나고 선거인단이 모여 상징적 투표를 하는데 이 선거인단을 공화당 다수의 주의회가 유권자 대신 임명하라고 생떼를 부렸던 겁니다. 누가 봐도 황당한 이 억지도 먹히지 않았습니다. 주정부 지도자들은 자신들의 역할은 유권자의 뜻을 전하는 데 국한돼 있다며 선을 그었죠. 특히 조지아주에 압력이 심했습니다. 주지사, 선거 담당자 모두가 공화당 소속 이니 어찌해보면 되겠다 싶었던 것이죠. 트럼프와 트럼프 지지자의 압력으로 주정부 관계자들이 신변의 위협을 느끼는 지경에까지 이르렀습니다. 이들이 트럼프에게 공개적으로 사정을 했지만, 그는 이마저도 무시했습니다. 결국 트럼프와 라펜스퍼거 조지아 국무장관과의 전화 통화가 공개됐죠. 여기서 트럼프는 조지아 국무장관을 어르고 달래다 종국엔 협박했습니다. 그는 불법적으로 수천 장의 투표용지가 폐기됐으며 "그건 형사 범죄이고, 그런 일이 벌어지게 둬선 안 됐다. 당신(라펜스퍼거)에게 큰 위험risk이 될 것"이라고 했죠. "내 1만 1780표를 찾아내라"라며 생떼를 썼습니다. 당신도 공화당원이지 않냐며 사정을 해보기도 했습니다. 국무장관이 거절해서 더 사태 진전은 없었지만, 트럼프가 무슨 짓을 또 할지 몰라 좌불안석이었습니다. 미국 사회는 곧 이게 끝이 아니었음을 알게 됐죠.

주정부 차원의 공작이 실패하자 대선 공식화 마지막 단계인 연방의회에 눈독을 들였습니다. 헌법에 따라 연방의회는 1월 6일 선거인단 투표를 확인해 선거 결과를 공식화하는 상징적 회의를 엽니다. 여기에서 검표와 토론을 통해 선거 결과를 뒤집으라며 공화당 의원들에게 압력을 넣었죠.[22] 실제로 상당수 공화당 의원들이 이에 동조했습니다. 여기에 성이 차지 않았던 트럼프는 이날 연방의회 앞에서 시위를 열자고 지지자들을 독려했습니다. 6일 오전 수천 명의 지지자들이 의회 앞에 모여 시위를 벌였습니다. 놀랍게도 트럼프가 연단에 올라 이들을 자극했습니다. '저들이 선거를 훔쳤다', '압도적 승리였다', '우리는 절대로 굴복하지 않을 것이다', '의사당으로 가라'라고 외쳤죠.[23] 대통령의 자극에 군중은 흥분했고 급기야 의사당 안으로 쳐들어갔습니다. 경찰을 밀치고 창문을 부수고 의사당 건물에 난입했죠. 전례가 없던 일입니다. 1812년 미영전쟁에서 영국군이 의사당을 불태운 이후 처음 일어난 일이었죠. 한창 회의를 하고 있던 의원들은 피신을 해야 했고 최루탄이 터지고 발포도 됐습니다. 군중은 기념품이라며 의사당 내 물건을 훔치고 훼손하며 점령군처럼 행사했습니다. 이 모든 것이 각종 SNS로 전 세계에 생중계됐죠. 이 사태로 의회 경찰 1명을 포함해 5명이 사망하고 경찰 200여 명이 부상당했습니다. 이 일로 300여 명이 기소되었죠. 공화당 의원들마저 큰 충격을 받았습니다. 폭력에 굴복하지 않겠다며 의원들은 회의를 당일 밤 속개해 바이든의 승리를 공식화했지만, 미국 민주체제는 이미 큰 상처를 받았습니다.

일련의 사태를 보면 의아하지 않을 수 없습니다. 대통령이 정보화 시대에 뻔한 거짓말을 하는데 이를 어떻게 믿을 수 있을까? 믿는 사람은 극소수이지 않을까? 하지만 현실은 성반대였습니다. 공화당 지지자 대부분은 트럼프의 세계에 안주했습니다. 이들 중 무려 70%가 선거가 공정치 않았다고 믿을 정도로 날이쇼. 결국 트럼프는 백악관을 떠나긴 했지만 그가 일으킨 흙탕물은 쉽게 지워지지 않을 겁니다. 자기애와 권력만을 추구하며 나라 전체를 혼동에 빠뜨린 트럼프가 놀랍다면 정말 놀라운 인물일 수도 있죠. 한 사람이 이렇게나 민주체제를 망쳐놓았으니까요. 곧 이는 미국 민주체제의 허약성을 보여주는 사례이기도 합니다.

혼란스런 국정 운영

트럼프 대통령의 정책적 혼란도 만만치 않습니다. 주요 정책 하나가 위에서 언급한 국경 장벽 건설이었습니다. 사실 국경 장벽 건설이 주요 정책이었다는 것도 문제였죠. 미국과 멕시코 국경은 3000킬로미터가 넘습니다. 애초에 장벽을 세울 수 있는 거리가 아닙니다. 사막, 강, 협곡 등 장벽을 세울 수 없는 곳도 많습니다. 장벽이 소용없다는 지적도 많았죠. 장벽이야 넘으면 그만이고 돌아가거나 밑으로 갈 수도 있으니까요. 걱정했던 대로 장벽이 세워진 곳에서 이런 일이 벌어지고 있습니다. 그래도 트럼프는 막무가내로 건설을 주도했습니다. 게다가 멕시코 정부가 건설 비용을 댈 것이라는 황당한 주장도 되풀이했습니다. 논란도 많고 선전도 요란했지만 이 정책은 취임 후 거의 잊혔습니다. 아이디어가 애초에 너무 황당했고, 각종 논란이 너무 많은 탓이었습니다. 그러다 2020년 선거가 가까워지면서 다시 속도를 내기 시작했습니다. 트럼프는 디자인도 직접 선택하면서 관심을 보였지만 의회는 예산을 주지 않았죠. 국방부 예산을 끌어다 쓰며 건설을 이어갔지만 부실 공사가 이어졌습니다. 장벽은 세운 지 얼마 되지도 않아 부식되고 기초가 허물어졌습니다. 이것도 모자란 듯 트럼프는 논란을 더 부추겼습니다. 장벽이 완성됐다고 거짓말을 한 것이죠. 실제로 공사가 완성된 구간은 600킬로미터가 채 안 되고 그나마도 기존 장벽을 교체한 게 대부분입니다.[24] 뻔히 보이는 거짓말을 되풀이해도 트럼프 지지자들은 매번 환호했습니다. 거짓말인지 알고도 그러는 건지, 정말 믿고 그러는 건지는 알 수 없지만 말입니다.

북미자유무역협정NAFTA도 비슷한 경우죠. 트럼프는 미국 제일주의를 주장하며 멕시코, 캐나다와의 자유무역협정을 비난했습니다. '공장이 다 외국으로 간다',

'미국이 피해를 보고 있다'며 열변을 토했죠. 하지만 문제가 정확히 무엇인지, 대안은 무엇인지는 제시하지 않았습니다. 일방적으로 협정을 파기한 트럼프 행정부는 재협상을 통해 새로운 협정, 즉 미국·멕시코·캐나다 협정USMCA을 체결했습니다. 문제는 이 협정이 기존 협정인 NAFTA와 크게 다르지 않다는 점입니다. 2020년 7월 1일 그 효력이 발효했으니 아직 (2021년 3월 현재) 두고 봐야 할 겁니다. 하지만 큰 변화를 주지 못하리라는 전망이 우세합니다. 그러나 이런 의구심과 불확실성에도 불구하고 트럼프는 마치 세상이 당장 바뀐 듯 자화자찬을 늘어놓았습니다. 목청만 높이고 정작 별 성과가 없었지만 불행하게도 이런 식의 운영이 4년 내내 지속됐습니다.

혼란스러운 국정 운영은 비전 없는 대통령 탓이 큽니다. 트럼프는 잘 알려진 대로 사업가로 애초에 정치적 비전과 경험이 전무했죠. 게다가 정치 지도자로서 배우려는 의지도 전혀 없었습니다. 배우기는커녕 관료는 "민주주의 제도 밖의 숨은 권력집단Deep State"으로 적대시했고, 각 분야 전문가들도 무시했습니다. 모든 것에 자기가 제일 낫다며 자신을 "굉장히 안정적인 천재a very stable genius"로 부르기까지 했습니다.[25] 앞에서 친한 척하던 군대 지도자들도 뒤에서는 "멍청이들suckers"로 헐뜯으며 자기가 더 잘 안다고 뻐기곤 했죠.[26] 이런 태도가 국정 운영을 혼란케 할 뿐 아니라 더 나아가 위험하고 파괴적일 수 있음이 2020년에 드러났습니다. 중국 우한에서 이상한 질병이 돌자 전문가와 미국 정부의 여러 관료는 이것이 심상치 않음을 직감했습니다. 각종 경로를 통해 백악관에 보고가 올라갔습니다. 하지만 트럼프는 이를 무시했죠. '별것 아니다', '보통 감기다', '곧 없어질 것이다', '민주당의 사기다' 등등 경고를 무시하는 발언만 이어갔습니다.[27]

　하지만 결국 3월 13일 트럼프도 비상사태를 선포하고 말았습니다. 그래도 사태를 장악하고 있다는 말은 잊지 않았죠. 이후 사태는 급격히 악화했지만 트럼프는 긍정적이고 희망적인 평가만 내며 방역 조치를 방해하기까지 했습니다. 방역 책임자 등 측근마저 마스크를 쓰라는 권고를 되풀이했지만 정작 트럼프는 이를 비웃었습니다. 마스크를 벗어던지는 퍼포먼스까지 벌였죠. 거꾸로 그 효과가 증명되지 않은, 심지어 위험하기까지 한 해결책(하이드록시클로로퀸, 살균제, 자외선 노출 등)을 무책임하게 내놓았습니다. 이뿐만이 아닙니다. 연방정부 차원의 대응이 시급했지만, 손을 놓고 있었죠. 게다가 대중의 신뢰를 얻자 감염병 최고 전문가이자 코로나19 바이러스 퇴치를 전두지휘하는 앤서니 파우치 국립알레르기전염병연구소NIAID 소장에게마저 독설을 퍼부었습니다. 이 모든 것이 재선 가도에 코로나19 사태가 끼칠 영향을 염려한 탓이었죠. 내 정치적 야망을 위해서 나라 전체가 희생을 치르더라도 상관없다는 행동이었습니다. 덕분에 53만 명(2021년 3월 현재)이 목숨을 잃었습니다.

트럼프 대통령은 도덕적으로 파탄한 인간이자 정치인으로서도 도둑정치를 일삼은 사람이죠. 헌법 수호의 의무를 저버린 채 삼권분립과 선거제도를 흩트려놓았습니다. 정책을 우습게 여겨 미국 사회를 위험에 빠뜨리고 시민의 생명을 위협했습니다. 최악의 대통령이었죠. 이 정도일 줄은 몰랐지만, 트럼프에 대한 경고음은 요란했습니다. 즉 어느 정도 예측됐던 정치적 혼란이었다는 점에서 더욱 참담했던 거죠. 도대체 어떻게 이런 사람이 대통령이 됐을까? 미국 사회가 4년 내내 곱씹은 질문이었습니다.

5장

트럼프는 어떻게 대통령이 되었나

트럼프 대통령의 언행은 충격적입니다. 게다가 민주국가의 대통령, 그것도 오랜 민주체제 전통을 자랑하는 나라의 대통령의 언행이라고는 믿기 힘듭니다. 많은 미국인은 당황했죠. 쿠데타, 권위주의 정부, 독재 등 비민주적 행태는 언제나 남의 나라 일이었습니다. 그런 나라들 위에 군림하며 그 나라를 측은해하고 의아해하는 것에 익숙했죠. 정작 미국 대통령이 1980년대 남미 어느 나라의 대통령처럼 군림하자 당황했습니다. 어떻게 이런 사람이 대통령이 됐을까? 우리가 무엇을 잘못했는가? 미국 내 좌절과 자성의 목소리가 끊이지 않고 있습니다. 그럴 수밖에 없습니다. 민주체제에 대한 미국인들의 자부심은 대단하니까요. 200년이 넘는 오랜 역사를 지켜온 전통이고 한 번도 흔들린 적이 없었습니다. 그럼 트럼프가 대통령이 되기 전, 즉 2016년 선거 전에 무슨 일이 있었던 걸까요?

그들이 트럼프를 지지한 이유

트럼프의 승리는 미국 양당제와 깊은 관련이 있습니다. 트럼프는 공화당 후보로 나섰습니다. 대통령이 된 후에도 의회를 장악한 공화당과 협조를 이어갔죠. 공화당 성향 유권자들의 높은 지지도 받았습니다. 하지만 트럼프는 공화당 주류와는 거리가 멀었습니다. 2015년 대선 주자로 나서며 정치 행보의 첫발을 디뎠지만, 이전에는 민주당 당적을 갖기도 했고 민주당 측 후보에게 선거자금을 대기도 했습니다. 공화당 주자로서 뚜렷한 정체성도 없었죠. 또한 당내 경선에서 드러난 트럼프의 사상과 정책은 공화당의 전통과도 거리가 멀었습니다. 레이건에서 부시로 이어지는 강력한 대외정책에서도 한발 물러섰고, 자유무역을 중시하는 공화당의 주류와도 거리를 뒀습니다. 오히려 아프가니스탄에서 철수하고, 군사동맹을 재검토하고, 국수적 무역정책을 외치며 공화당의 전통을 부정했죠. 게다가 미국은 더는 이민자의 나라가 아니라는 선언을 했습니다. 선을 넘든, 도를 넘든 트럼프는 과했습니다. 공화당의 주류는 이런 정치 풋내기를 비웃었죠. 하지만 웃음기가 사라지는 데는 그리 오래 걸리지 않았습니다. 트럼프는 공화당 경선에서 우위를 점하고 경선 자체를 주도해나가기 시작했습니다. 그는 제프 부시 등 주류 후보를 거침없이 공격했고, 아무도 이 이상한 후보를 상대할 수 없었죠. 하지만 사람들은 오히려 환호했습니다. 공화당의 주류만 당황한 게 아니었습니다. 민주당 측도 마찬가지였죠. 이민의 낮은 문턱, 강력한 외교, 자유무역은 미국 헤게모니의 주요 축으로서 양당 모두가 추구해왔습니다. 여태껏 이에 대한 부정은 극단의 목소리로 금기시됐었죠. 주류 정치인과 이들의 합의에 대한 부정과 회의는 오래됐고 사회 전역에 퍼져 있었지만 개인 차원에만 머물러 있었습니다. 트럼프는 흩어져 있던, 숨겨져 있던 그 정서를 끄집어내 불을 붙였던 겁니다. 이것으로 정치판으로의 출구를 찾았고 순식간에 공화당을 접수했습니다. 그리고 이는 곧 주류의 목소리로 변태했죠.[1] 즉 트럼프는 그동안 많은 이들이 말할 수 없었던 그 무엇을 당당하게 대변함으로써 폭발적 지지를 누렸던 겁니다. 나아가 그 무엇인가를 말하면 왠지 주눅 들고 눈치를 봐야 했던 사회 분위기 자체를 트럼프가 바꾸었던 거죠. '정치적 올바름political correctness, PC'으로 상징되는 새로운 사회질서를 뒤흔들며 그 변화를 거부하거나 불편하게 여겨온 이들을 하나로 묶었습니다. 그런 이들의 수는 상상을 뛰어넘게 많아졌고, 트럼프의 깃발 아래 무섭게 정치 세력화가 되었습니다. 이들을 하나로 묶었던 주요 이슈를 살펴보겠습니다.

이민은 민감한 문제입니다. 미국은 이민자의 나라이기에 반이민 정서에 대한 경계심이 높습니다. 또한 이들의 저렴한 노동력은 없어서는 안 될 미국 경제의 주요 동력입니다. 서부 개척의 중추적 역할을 한 대륙 횡단 철도는 중국 이민자의 노동력으로 세워졌습니다. 공업 성장 또한 이탈리아, 아이리시 등 가톨릭계 이민자들이 있었기에 가능했죠. 지금은 라틴아메리카계 이민자들의 노동력으로 미국 농업이 굴러갑니다. 미국 노동청 자료에 의하면 2019년 노동자 중 외국에서 태어난 이가 17.4%를 차지합니다.[2] 워싱턴주, 오리건주, 캘리포니아주 등 미국 농업의 심장부인 서부에서 그 수치는 무려 27.8%에 달합니다. 굳이 서부나, 농장을 가지 않아도 이민 노동자를 쉽게 볼 수 있죠. 미국 어디에서나 볼 수 있는 조경사업은 중남미계 노동자가 힘든 일을 도맡아 합니다. 집을 짓거나, 고치는 현장에도 그들이 있죠. 미국 경제가 값싼 이민자 노동의 착취에 기반을 두고 있다는 건 상식입니다. 정서적으로도, 실질적으로도 이민자에게 관대할 수밖에 없죠. 관대하다고 반이민 정서가 아예 없지는 않습니다.[3] '이민자 때문에 미국인의 취업 기회가 줄어든다', '이 사람들 복지에 우리

세금이 나간다', '영어도 잘하지 못하고 미국의 가치를 거부한다', '이민은 환영이지만 불법 이민은 막아야 한다' 등의 반이민 정서가 만만치 않게 퍼져 있습니다. 이민자 대부분이 유색인이죠. 자연히 반이민 정서는 비유럽계 미국 시민에 대한 적대감으로 이어질 위험이 상존합니다.

이런 이유로 반이민 정서의 공론화는 일부에게만 국한되어 있었습니다. 공화당이 이를 정쟁화시켜 재미를 봤지만, 그 성공은 제한적이었습니다. 그나마도 불법 이민에만 초점을 맞춰왔죠. 이주노동자에게 법적 지위를 보장하는 방안을 반대한다거나 이들의 이주를 관리하는 데 민주당과 맞서왔습니다. 그러니 이주자 존재 자체를 문제 삼는 이들의 불만은 출구를 찾지 못해왔던 셈이죠. 이를 트럼프가 파고들었습니다.[4] 트럼프는 공개적으로 이주자를 조롱했습니다. 중남미 이주자를 범죄자로 취급했죠. 멕시코가 범죄자, 강간범들을 보낸다고 야유했고, 툭하면 멕시코계 범죄 조직을 들먹이며 이들이 사회 혼란을 일으킨다고 주장했습니다. 국경 수비대에게 돌팔매질하는 멕시코인들을 쏴버려야 한다고 투덜거렸고, 미국으로 향하는 이주자 행렬을 두고 "공격" 하고 말하며 지지자들을 선동했습니다. "사람이 아니라 동물"이라며 증오를 부추겼죠. 이슬람과 이를 따르는 무슬림에 대한 노골적 적개심도 유명합니다. 트럼프는 이렇게 이민 정책 논쟁을 이주자 혐오로 바꿔버렸습니다. 정책 논쟁은 사라졌고 논쟁은 이주자 존엄성에 관한 것으로 전락하는 다급한 지경이 됐죠.[5] 트럼프 지지자들이 환호했음은 물론입니다. '드디어 할 말을 하는 정치인이 나왔다', '영어를 하지 못하면 미국인이 아니다', '아쉬우면 너희 나라로 돌아가라'. 이런 구호를 당당히 외치며 트럼프의 등장을 기뻐했습니다.

무력을 바탕으로 한 강력한 대외 정책도 비슷합니다. 아프가니스탄, 이라크 침공 이후 미국은 파키스탄, 시리아 등 이 지역 안보에 깊숙이 관여해왔습니다. 팍스아메리카나를 이끄는 맹주로서 그 역할에 충실해야 한다는 공감대가 컸죠. 세계 경찰로서 자부심도 강합니다. 게다가 소위 '테러와의 전쟁War on Terror'은 9·11 공격에 대한 대응이기에 미국 사회의 지지가 두터웠습니다. 민중도 미국이 다른 나라를 침공할 수 있다는, 무력을 쓸 수 있다는 사실에 굉장히 익숙합니다. 무력과 전쟁은 일상적이기까지 하죠. 풋볼 경기 등 주요 행사에 제복 입은 군인이 성조기를 들고 입장합니다. 비행기 탑승을 시작하면 군인이나 전역자부터 태우죠. 보험에도 특혜가 있고, 세금도 혜택을 받습니다.

미국 대외 정책에 대한 비판이 없지 않았습니다. 비판은 두 갈래입니다. 우선 무력 개입을 부당하게 보는 시각이 있습니다. 특히 테러와의 전쟁으로 시작한 중동 개입은 조지 부시에 의해 부당하게 시작됐다고 보는 시각이 만만치 않습니다. 이런 비판적 시각은 전쟁을 지속할수록 커져갔죠. 게다가 2001년 뜨거웠던 애국심이 식으며 전쟁에 대한 관심마저 사라졌습니다. 다른 한편으로 비용에 의문을 가지기도 합니다. 2008년 경제위기는 결정타였습니다. 많은 이들이 직장을 잃고 집마저 빼앗겼죠. 수백만 명이 집을 잃었습니다. 실업률이 10%대로 치솟았습니다.[6] 미국 정부는 4120억 달러에 달하는 천문학적 자금을 쏟아부어 경제를 안정시켰습니다. 하지만 이후 빈부격차는 계속 벌어졌습니다. 인민의 분노와 허탈감도 덩달아 불어났죠. 인민들은 알 수 없었습니다. 왜 파국을 일으킨 장본인들은 아무도 죗값을 치르지 않는지, 왜 그들은 더 부자가 됐는지, 왜 피해자는 구제를 받지 못하는지. 자연히 저 먼 곳에서 계속되는 전쟁에도 의문을 던졌습니다. 왜 우리가 아프가니스탄에, 이라크에 돈을 써야 하는 걸까. 하지만 그에 대한 답은 알 수 없었고, 그 누가 명확한 대답도 해주지 않았죠. 트럼프는 바로 이런 정서를 물고 늘어졌던 겁니다. 아프가니스탄에서 미군을 철수시키겠다고 다짐했죠. 독일, 일본, 한국 등 주요 동맹에게도 의문을 표시했습니다. '이들은 부자 나라다', '우리가 지켜줘서 부자가 됐다', '그 값을 치르는 게 당연하다'. 미국의 국제 전략과 세계 정치에 미국 민중은 관심을 두지 않죠. 대신 당장 내가 처해 있는 경제적 어려움의 원인을 이런 '낭비'에서 찾는 트럼프의 진단을 환영했습니다.

자유무역에 대한 의견도 마찬가지입니다. 정부의 간섭은 최소화하고, 시장 기능은 최대화해 자유무역을 추구하자는 주장은 미국의 복음과도 같은 것이죠. 제2차 세계대전 이후 서구 질서를 재정비하며 내세웠고, 꾸준히 추구해왔습니다. 팍스아메리카나의 한 기둥으로 이를 민주당과 공화당 모두 굳건히 떠받쳐왔죠. 미국은 자유무역을 모니터링하고 불공정 무역을 가려내는 세계무역기구WTO 출범의 주역이었고, 각종 무역협정도 적극적으로 타결시켰습니다. 캐나다, 멕시코와 함께 만든 북미자유무역협정이 대표적인 예입니다. 글로벌 자유무역체제는 미국을 세계 최대 경제 대국으로 이끌었습니다. 자동차 등 기술집약적 제조업, 대규모 농업, 선진화된 금융업, 신기술 산업 등으로 미국은 부를 키워왔죠. 정치 엘리트의 자유무역에 대한 맹신은 당연한 것이었습니다. 하지만 그 부의 축적은 공평치 않았습니다. 오히려 격차를 벌렸죠. 특히나 제조업의 몰락은 타격이 컸습니다. 자유무역이 활발해지며 공장이 멕시코, 중국 등 임금이 싼 나라로 떠났습니다. 공장이 떠난 자리는 잡초가 채웠습니다. 고등학교 졸업 후 공장에서 평생 일하며 중산층의 삶을 유지하던 아메리칸 드

림도 사라지기 시작했죠. 공동체는 무너졌고 젊은이들은 떠나거나 마약에 빠졌습니다. 경제적, 사회적 붕괴가 미시간주, 펜실베이니아주를 시작으로 중부 전체에 퍼졌죠. 이들에게 자유무역은 독배와도 같았습니다. 하지만 이들의 절망을 동부 정치 엘리트, 서부 실리콘밸리는 무시했습니다. 트럼프는 바로 이들의 대변자를 자처했습니다.[7] '북미자유무역협정으로 2조 달러의 적자가 났다', '생산직의 실업도 이 때문이다',[8] '중국은 우리의 등골을 빼먹고 있다', '중국은 환율을 조작한다' 등등 기존의 자유무역체제를 뒤흔드는 발언을 이어갔죠. 미국 제조업의 호황을 구가했던 중심지였으나 제조업의 사양화 등으로 불황을 맞은 지역인 소위 러스트벨트rust belt에서 트럼프를 지지하는 사람들이 폭발적으로 늘어났습니다. 샌더스 상원의원에 대한 지지가 폭발적이었던 것, 샌더스 지지자가 트럼프에게 투표한 것 모두 이런 정서와 맞닿아 있습니다.

중산층의 몰락과 빈부격차의 확대

이민, 대외 정책, 자유무역 등 양당 합의에 대한 불만과 그 불만을 무시하는 정치체제에 대한 환멸은 깊습니다. 그 환멸의 뿌리는 경제 왜곡이죠. 대불황Great

Recession으로 불리는 2007~2008년 경제위기는 미국 경제의 근본을 흔들어댔습니다.[9] 위기 직전까지 금융가는 수상하고 괴상한 금융상품을 무차별적으로 팔았고 엄청난 이득을 챙겼습니다. 금융회사와 임원들은 성과급, 보너스에 정신이 없었지만, 금융업 전체의 부실은 커져만 갔죠. 결국 리먼브라더스의 몰락으로 부실이 드러났고, 금융계 전체가 얼어붙었습니다. 수상한 금융상품을 구매한 소비자는 빚더미에 올랐습니다. 특히 신용이 좋지 않았던, 그래서 원칙적으로는 빚을 내면 안 됐지만, 금융업계의 속임수에 빠져 빚을 냈던 이들은 치명타를 입었죠. 2009년 국내총생산이 2.5% 역성장했습니다. 1946년(-11.6%) 이후 최대 규모였죠. 실업률도 2008년 5.8%에서 2009년 9.3%, 2010년 9.6%로 폭발적으로 증가했습니다. 수백만 가정이 집을 잃었고 은퇴자금을 날렸습니다. 좌절과 분노가 전국을 강타했죠. 게다가 이 위기가 거대 금융자본의 욕심에서 비롯됐기에 분노는 더 클 수밖에 없었습니다. 그런데도 금융계 누구 하나도 법적 책임을 지지 않았습니다. 이뿐만이 아니었죠. 금융업계의 몰락을 방관할 수 없었던 정부는 천문학적인 공적자금을 쏟아부었고, 그 덕택에 이들은 대마불사의 신화를 이뤘습니다. 2009년의 후폭풍이 지나가며 경제는 되살아났습니다. 2% 안팎의 지속적 성장을 이어가며 실업률도 2019년에는 3%대로 떨어졌습니다.

경기는 회복됐지만, 인민의 삶은 그렇지 못했습니다.[10] 대불황 직후 6만 5100달러까지 떨어졌던 가계소득 중간값은 2018년 7만 4600달러로 올랐습니다. 하지만 2010년부터 2018년 사이 상중하 세 집단 가계소득 증가를 비교해보면, 중하위층은 큰 변화가 없었습니다. 상위층만 뚜렷하게 증가했죠. 경기회복이 위에만 쏠린 겁니다. 가계소득 전체 비중을 봐도 중위층 비율은 43%로 추락했고 상위층이 48%로 역전했습니다. 1970년으로 거슬러 가면 각각 62%, 29%였습니다. 가계소득 대신 가계자산을 보면 격차는 더욱 심각합니다. 중위층 자산이 전체의 32%(1983년)에서 17%(2016년)로 줄어드는 사이, 상위층 자산 비율은 60%에서 79%로 늘었습니다. 2007년부터 2016년 사이의 변동만 보면 상위 20%에만 가계자산 증가가 발생했죠. 나머지는 모두 가계자산 감소를 겪었고, 그 폭은 밑으로 갈수록 커졌습니다. 미국 경기회복의 과실은 온전히 상위층만의 것이었습니다. 하위층은 상대적으로 위축됐고, 절대적 고통도 늘었죠. 경제적 격차는 계속 벌어졌습니다. 임금 격차를 나타내는 지니계수를 보면 미국은 0.43(2017년)으로 독일(0.351), 캐나다(0.352)는 물론이고 이탈리아(0.373), 영국(0.392)보다 훨씬 높은 서구 최고 수준입니다. 중산층의 몰락이 전에 없이 빠르고 혹독하게 진행되고 있음을 쉽게 알 수 있습니다.

미국 경제의 중산층 몰락과 빈부격차의 확대는 사실 놀랍지 않습니다. 미국 경제의 주축이었던 생산업의 몰락을 보면 예견이 가능했죠. 생산업은 높은 임금, 연금, 고용안정을 제공해왔습니다. 그 덕택에 미국 노동자 상당수가 대학교 졸업장 없이 중산층의 삶을 누렸습니다. 미국의 생산업이 멕시코로, 중국으로 떠나면서 이런 삶도 사라졌습니다. 개인의 고용에 국한된 문제가 아니었죠. 작은 시골 마을에서는 온 가족이 대를 이어 한 공장에서 일하는 게 보통이었습니다. 공장이 떠나자 집안이, 마을 전체가 흔들렸습니다. 젊은이들은 마을을 버렸습니다. 남아 있는 이들은 무료함과 불안에 약물에 손을 댔고 수많은 이들이 생명을 잃었죠.[11] 약물중독으로 인한 사망이 전국적으로 급증했지만, 특히 생산업 붕괴가 진행된 지방 지역이 더욱 심각했습니다. 인구 10만 명당 약물 관련 사망자 수를 비교하면 2002년에 도시 10명, 지방 5명이었지만 2014년에는 도시 13명, 지방 15명으로 역전됐죠. 지방 인구의 마약 소비가 늘자 제약회사는 마약류 약품을 공급하느라 정신이 없었습니다. 퍼듀 파마Purdue Pharma라는 제약회사는 중독성 위험이 큰 진통제를 마구잡이로 팔았습니다. 의사를 고용하다시피 해서 사람들을 중독으로 이끌었죠. 떼돈을 벌었습니다. 자본가의 결정으로 몰락한 마을에 자본가의 이익을 위해 사람이 죽어나가는 비극이 발생했던 거죠. 2020년 회사는 결국 범죄를 시인하고 약 83억 달러의 벌금을 내기로 했지만, 피해를 돌이키기에는 너무 늦었죠.

생산업 붕괴 여파를 서비스업이 어느 정도 흡수해 왔습니다. 하지만 21세기에 접어들자 이는 더 감당하기 어려워졌죠. 기술 발전이라는 암초 덕이었습니다. 스마트폰의 보급과 통신기술의 발달은 플랫폼 노동을 만들었고, 확산시켰습니다. 회사에 고용되는 대신 달랑 전화기 하나 들고 우버Uber를 몰게 됐습니다. 자유로운 취업과 유연한 노동시간은 노동조합과 회사에 대한 소속감을 없애버렸습니다. 우버와 투자자는 부자가 됐지만, 운전자의 처지는 달라지지 않았습니다. 고용과 파면은 쉬워졌고, 의료보험, 퇴직금 등도 사라지다시피 했습니다. 노동자는 독립 계약자가 됐지만 사실 그들은 여전히 자본에 몸을 파는 신세입니다. 새로운 노동 현장에서 자본가와 노동자의 대결은 사라졌습니다. 사장님의 사무실이 어디에 있는지도 모르고 그의 전화번호도 찾을 수 없습니다. 대신 노동자는 콜을 누가 더 빨리 받을지를 두고 동료와 대결하고 있습니다. 이런 변화는 운송, 숙박업, 교육, 수리 등 서비스업종 곳곳으로 퍼지며 고용의 근본적 변화를 일으키고 있습니다. 이마저도 익숙지 못하면 더 단순한 노동을 할 수밖에 없죠. 노년 노동자가 주로 10대, 20대의 전유물이던 패스트푸드점, 슈퍼마켓 등에 다시 몰리고 있습니다.

오바마 정부는 대불황을 물려받고 출범했습니다. 위기 극복이 가장 큰 화두였죠. 천문학적 공적자금의 수혈로 그 숙제를 끝마쳤습니다. 재선에 성공했고, 2016년 대선도 힐러리 민주당 후보가 이기리라 자신했습니다. 하지만 새로운 경제 변화에 깔려 신음하는 이들을 보지 못했습니다. 보았지만 그 응어리가 얼마나 크고 깊은지 몰랐다는 게 더 맞는 표현이겠네요. 하지만 트럼프는 직감적으로 이를 느꼈던 겁니다. 트럼프는 이런 경제 왜곡이 워싱턴의 엘리트들에 의해 이루어졌으며 부자들만 배부르게 했다며 사람들의 분노에 불을 지폈습니다. 그 불은 거대한 산불이 됐지만 소위 엘리트들은 이를 인식하지 못했죠. 발등이 아니라 손등이 뜨거워진 후에나 알게 됐지만, 불길을 막기에는 너무 늦었던 겁니다.

2016년 대선 당시 거의 모든 전문가가 힐러리의 승리를 예측했습니다. 공화당 측도, 심지어 트럼프 캠프에서조차 말이죠. 트럼프의 승리는 극소수만이 예견했습니다. 그중 한 명이 〈볼링 포 컬럼바인Bowling for Columbine〉이라는 영화로 알려진 마이클 무어 감독이었습니다. 그는 러스트벨트에 거주하는 미국인들의 분노를 잘 알고 있었습니다. 본인이 미시간주 출신으로 노동자의 분노를 오랫동안 지켜보기도 했죠.[12] 그는 이들의 분노를 민주-공화 양당이 무시했고, 이들은 기성 정당에 분풀이하고자 트럼프를 지지한다고 지적했습니다. 그 트럼프를 이들이 던지는 "인간 수류탄Human hand grade"이라고 불렀습니다. 이 말은 '트럼프가 승리해서 워싱턴이 어떻게 되든 상관하지 않는다', '정치인들이 곤란하게 되면 오히려 쌤통'이라는 이들의 속마음을 적절하게 표현한 것이었죠. 트럼프가 승리하자 충격받았다는 이들에게 그런 말을 그만하라며 쏘아붙이기도 했습니다. 당신이 충격을 받았다면 동료와 이웃의 고통에 얼마나 둔감했는가를 보여줄 뿐이라고 지적했죠.[13] 이 뼈아픈 지적은 민주당 전당대회에서 사회주의자 버니 샌더스 의원을 지지했던 유권자가 본선에서 트럼프에게 투표한 현상을 설명해줍니다.

백인 보수층의 대변자

지난 몇십 년간 벌어진 사회적 변화는 가히 문명적이라고 할 수 있습니다. 달라진 세상을 어색하고 불안하게 여긴 이들도 그만큼 많아졌죠. 기존 백인 기도교적 질서에 익숙하던 이들은 특히 민감할 수밖에 없습니다. 이들에게는 백인 기독교적 질서가 문명을 보는 기준인 만큼 이 변화는 단순한 변화가 아닌 거죠. 우선 비백인 주민이 대폭 증가했습니다.[14] 20세기 초부터 백인은 총인구 약 90%를 차지했습니다. 1990년에 80.3%로 하락했고 2010년 인구조사에 의하면 72.4%로 급감했죠. 히스패닉계 백인을 제외하면 이는 63.7%로 뚝 떨어집니다. 같은 기간 흑인 비율(10%)은 크게 달라지지 않았습니다. 대신 아시아계와 히스패닉계 비율이 크게 늘었습니다. 2044년이 되면 백인 비율이 50% 밑으로 떨어지는 소위 다수의 소수Majority-minority 사회가 되리라는 전망까지 나왔습니다.

소도시에서는 이런 변화를 더 민감하게 받아들입니다. 다인종 문화에 익숙한 대도시와 달리 소도시와 지방 주민은 대부분 백인이었죠. 저도 동부 대도시에서 살았습니다. 1999년 중부의 꽤 큰 도시에 들렀을 때 슈퍼마켓 계산대 직원이 다 백인이어서 놀랐던 기억이 있습니다. 이것도 20년도 넘은 옛날이야기네요. 이제는 꽤 달라졌습니다. 웬만한 중소 도시에서도 지금은 비백인계 주민을 쉽게 볼 수 있습니다. 이들의 수가 늘면서 자연히 전문직 종사자도 늘었습니다. 인도계 의사, 중국계 변호사, 흑인 교수, 멕시코계 사장님 등의 등장은 기존 선입관을 흔들며 백인들을 혼란스럽게 했죠. 어떤 백인은 이런 변화에 가치 평가를 합니다. 백인이 주도했던 과거를 그리워하거나, 백인종이 위협받는다고 여기는 등 꽤 심각한 걱정도 하죠.

이들이 느끼는 문명의 위기는 인구 변화에만 국한되어 있지 않습니다. 사회적 질서도 변하고 있죠. 동성결혼이 대표적 이슈입니다. 인구통계청은 54만 3000개의 동성 커플 결혼 가정, 46만 9000개의 동성 커플 미혼 가정이 있다고 추산합니다.[15] 약 100만 가정이니 7000만여 이성 가정에 비하면 극히 소수입니다. 이들의 결혼이 합법화되기까지 오랜 투쟁이 있었고 진보와 후퇴가 반복됐습니다.[16] 시작은 1970년으로 거슬러 올라갑니다. 미네소타주에서 동성 커플이 결혼 허가 신청을 했다가 기각되었죠. 1973년 메릴랜드주는 미국 최초로 동성결혼을 금지했습니다. 그전에는 금지할 필요가 없을 만큼 이성 결혼이 일반적이었지만 이제 이를 지켜야 할 상황이 된 것이죠. 이후 조금씩 이성 결혼의 독점적 지위에 금이 가기 시작했습니다. 1984년 캘리포니아주 버클리 카운티는 미국 최초로 동성 동거인을 인정하는 법을 통과시켰습니다. 1990년 초반 비슷한 판결이 미국 곳곳에서 서서히 나오기 시작했죠. 주류의 저항도 만만치 않았습니다. 1996년 클린턴 대통령이 결혼보호법Defense of Marriage Act, DOMA에 서명함으로써 결혼을 남자와 여자 간의 결합으로 규정해버렸습니다. 비슷한 움직임이 하와이주, 알래스카주 등에서도 뒤따랐습니다. 2004년 샌프란시스코시 당국은 동성결혼을 허용하면서 도전장을 냈습니다. 뉴멕시코주, 오리건주의 포틀랜드시 등도 그 뒤를 따랐죠. 뉴저지주 등 동부에서도 허용이 확대됐고, 2011년 오바마 대통령이 결혼보호법을 철회함으로써 새 시대가 왔음을 알렸습니다. 이후 합법화는 주정부 차원에서 급속히 확대됐고, 2015년 마침내 대법원 결정으로 50개 주 모두에서 동성결혼이 합법화됐습니다.

변화는 여기에서 그치지 않았습니다. 성 소수자의 인권이 향상되면서 동성애자뿐만 아니라 다양한 성 소수자들의 권리도 빠르게 확대되고 있습니다. 성전환도 허용이 됐고, 이에 필요한 의료 시술에 보험 적용도 가능하게 됐죠. 더 나아가 성별의 이분법적 사고도 도전을 받고 있습니다. 성은 남녀로만 나뉘는 게 아니라, 그 사이 어딘가 제3의 성에 속하기도 하고 그 어디에도 속하지 않을 수도 있다는 시각이 퍼지게 됐죠. 성별이 생물학적 차원에만 국한되는 게 아니라, 본인의 주관적 인식도 중요하다는 이해가 공감을 얻었습니다. 남성의 몸을 하고 있지만 자신을 여성으로 인식하는 학생 또는 성전환자가 어느 화장실을 써야 하느냐 등도 논란거리였습니다. 불과 10년 전만 해도 상상도 할 수 없었던 일입니다. 주류에 속하지 못한 이들의 고통이 주목을 받고 이에 대한 사회적 대응을 모색한다는 점에서 큰 진보임에 틀림없습니다.

트럼프 지지층에게 미국 사회의 이러한 진보는 큰 위기입니다. 성경에서 적시한 이성 간의 결혼제도가 눈앞에서 붕괴되었으니까요. 게다가 성별 인식과 사회의 수용 정도를 둘러싼 논란 자체도 받아들이 힘듭니다. 이들은 반문합니다. '하나님이 만드신 대로 남자와 여자의 구분은 분명해야 한다', '대체 어느 선까지 자기 사정(정체성 등)을 다 들어줘야 하는 거냐', '사람과 동물의 결합도 결혼으로 봐줄 거냐' 등이 흔한 불평이었죠. 이런 불만과 위기의식이 보수 백인 기독교도 사이에 퍼져갔습니다. 하지만 드러내기는 조심스러워했죠. '무식한 사람', 또는 '차별주의자'라는 낙인이 찍힐 염려가 있기 때문입니다. 그러니 이런 시각이 어째서 편견인 건지, 편견이 퍼졌을 때 어떤 결과를 초래하는지에 관한 논의도 불가능했죠. 양측의 소통이 부재한 상황에서 실제로 진보 측은 이런 불안을 무식과 무지로 몰아붙이고 보수층을 비웃었습니다. 그럴수록 상황은 꼬였죠. 보수층은 변화를 이해할 틈도 없이 반대부터 할 수밖에 없었습니다. 백인 기독교층의 문명적 위기의식은 '정치적 올바름'에 대한 저항으로 커져만 갔습니다.

트럼프의 등장은 미국의 중력민주주의 공이 컸습니다. 양당의 중력이 극대화되면서 주변인들의 정치적 소외가 깊어만 갔죠. 이들의 고통은 경제, 사회적 문제뿐 아니라 정체성의 문제로까지 퍼졌지만, 양당은 이에 관심을 두지 않았습니다. 소외는 고립으로, 혼란은 분노로 커졌고 조그마한 출구라도 열리면 쏟아질 태세였습니다. 이들에게 트럼프는 초대형 슈퍼 울트라 메가폰이었죠. "인간 수류탄"이자 '빅엿'이었습니다. 트럼프가 가려운 데를 긁어주는 한, 어떤 말을 하건 상관하지 않았습니다. 뻔한 거짓말도, 무례한 선동도 알면서 즐겼습니다. 트럼프에 대한 열광적 지지는 열성적 투표로 이어졌습니다. 주류 정치인과 언론은 이들의 열광이 일시적일 것이라는 희망 섞인 전망도 했죠. 하지만 열기는 선거가 끝나고 4년 내내 식을 줄 몰랐습니다. 오히려 더 뜨거워졌습니다. 이들의 분노와 걱정이 그만큼 깊고 어두웠던 겁니다.

미국 민주주의를 돌아보며

박근혜와 트럼프는 묘하게 닮은 구석이 많습니다. 둘 다 집권하겠다는 집념만 강했습니다. 공동체 전체에 대한 관심이나 미래에 대한 구상은 상대적으로 희미했죠. 국정 운영 경험도 전무하다시피 했습니다. 그런데도 덜컥 국가의 최고 지도자가 돼버렸습니다. 그래서인지 대통령이 된 후 국정 운영에 별 관심도 없었고 열심히 챙기지도 않았죠. 시간을 쪼개가며 일에 몰두하는 대신 늦게 출근하고 빨리 퇴근하는 일이 다반사였습니다. 티브이 시청에 바빴던 점도 비슷합니다. 공상의 세계를 만들어 강요한 공통점도 있습니다. 거부하면 적으로 몰았죠. 없는 적도 만들어내기도 했습니다.

윌리엄 골딩의 소설 《파리대왕》은 1983년 노벨 문학상을 받았습니다. 영화로도 유명합니다. 섬에 버려진 아이들은 처음에는 평화를 지키며 살아갑니다. 하지만 곧 정쟁과 폭력이 이들을 집어삼킵니다. 누가 시키지도 않았는데 노회한 정치인을 따라 하게 되죠. 이 변화는 잭이라는 인물의 손에서 시작됐습니다. 괴물과 맞선다는 이유로 폭력과 억압을 강요하고 정당화합니다. 결국 괴물에 대한 공포를 이용해 권력을 얻습니다. 하지만 괴물의 실체가 없다는 것이 나중에 밝혀지죠.

박근혜와 트럼프 모두 그런 괴물을 만들어 권력 극대화를 추구했습니다. 박근혜는 종북 세력을, 트럼프는 극좌 세력을 만들고 악마화했죠. 공적과 맞서기 위해 자기를 중심으로 단결할 것을 주문했습니다. 박근혜와 트럼프의 지지자들은 각각의 괴물을 실체가 있는 것으로 여겼고, 나라가 괴물 손에 넘어갈 것이란 공포를 유포시켰죠. 게다가 이런 공포를 거부하는 이들도 적으로 몰았습니다. 대통령은 광기를 부추겼습니다. 대통령으로서 갈등을 봉합하고 공익을 도모해야 했지만, 박근혜와 트럼프는 이 숭고한 책무를 경시했습니다. 그 대신 자기 지지 세력을 모으는 데 급급했고, 이들의 환호를 즐겼습니다. 이들만의 대통령으로 만족했던 거죠. 그 만족이 깊어갈수록 정적에 대한 적개심은 늘어갔고 나라의 내분은 심해졌습니다. 정적에 대한 온갖 탄압도 일삼았습니다. 트럼프는 군병력을 동원해 평화 시위를 해산시켰습니다. 정적의 뒤를 캐기 위해 우크라이나 대통령에게 압력을 넣기도 했죠. 재선을 가로막는 의회를 무력으로 위협하기까지 했습니다.[1] 박근혜 역시 총선을 앞두고 새누리당 공천에 개입해 친박 의원을 불법적으로 돕고, 눈엣가시 같던 통합진보당을 해산시켜버렸죠. 정부 기관을 동원해 국민을 감시하고 여론을 조작하기도 했습니다.[2]

박근혜와 트럼프는 권력의 분산이라는 민주체제의 기본을 무시한 공통점도 있습니다. 대통령은 모든 정치, 사회 권력의 정점에 있다고 믿었죠. 트럼프는 대통령으로서 모든 것을 자신 마음대로 할 수 있다는 말을 되풀이했습니다. 주정부에 광대한 권한을 주고 있는 헌법정신도 무시하기 일쑤였죠. 대통령의 권한은 "절대적total"이라는 비민주적 인식을 숨기지도 않았습니다.[3] 대통령인 자신을 조사하는 것도 이해할 수 없었죠. 시위 진압에 군대를 쓴 것도 이상할 게 없었습니다. 박근혜도 마찬가지입니다. 다른 정부 기관을 대통령의 부하쯤으로 보았죠. 덕분에 대법원장도 청와대의 눈치를 보느라 전전긍긍했습니다. 세월호 사건이 터졌을 당시 해경은 구조에 전념해도 모자랄 판에 청와대 보고에 귀중한 시간과 자원을 낭비했습니다. 권력 기관도 종으로 부리는 판이니 다른 이들은 말할 것도 없었죠. 기업들은 트럼프의 눈치를 보느라 공장을 지어댔습니다. 삼성은 박근혜의 뒤에 있는 최순실에게 말을 갖다 바쳤죠.

박근혜와 트럼프는 권력 독점과 사익을 추구했습니다. 민주공화국의 대통령이 아니라 전제군주가 되려 했던 거죠.

대통령 민주주의의 원형이라고 하는 미국에서 트럼프는 어떻게 대통령에 당선됐을까. 그 배경에 미국의 중력민주주의가 있었음을 앞서 살펴보았습니다. 한국의 민주체제는 어떨까. 국회의원 선거는 소선거구-단순다수대표제를 기본으로 하고 있습니다. 다행히 정당 투표가 강화되면서 단순다수제를 보완하려 했습니다. 정의당 등 소수 정당의 강력한 요구와 민주당의 정치적 계산이 맞아떨어져 선거제가 개편됐죠. 그 덕에 소수 정당의 의석 확대가 이루어지리라 전망됐습니다. 하지만 거대 야당은 이런 변화를 순순히 받아들이지 않았습니다. 2020년 총선을 앞두고 미래통합당이 꼼수를 부렸고 민주당도 이를 따라 했습니다. 각각 미래한국당과 더불어시민당이라는 위성 정당을 꾸려 준연동형비례대표제를 무력화시켰죠. 이 때문에 양당제는 아직 건재합니다. 민주당은 개혁을 주도하고서도 '적폐'에 호응하는 꼴이 됐습니다.

제도뿐 아닙니다. 정치적으로도 소수 정당은 양당의 대안이 되지 못하고 있습니다. 정의당을 제외하고는 특별히 다른 이데올로기나 정책 방향을 제시하는 정당은 없습니다. 다 그만그만한 중도 성향이고 중원의 패권만 노리고 있죠. 안철수는 그 좋은 예입니다. 소수 정당의 지도자로서 양당이 내지 못하는 대안을 제시하는 대신 양당 사이에서 줄타기만 반복하고 있죠. 이 때문에 양당제 같은 어정쩡한 다당제가 이어지고 있습니다. 이렇다보니 소수의 목소리가 정치적 힘을 얻기 힘든 구조입니다. 동성 간 결혼은 둘째 치고 이들의 권리를 보호할 기본적 제도도 미흡합니다. 환경 문제의 핵심은 자본주의의 문제지만 이를 지적하지 못한 채 근본적 대안은 미뤄지고 있죠. 노동자의 권리보다는 기업의 권리가 우선적으로 보장됩니다. 일본에도 있는 공산당 같은 정당도 없습니다. 우파도 황야에서 헤매기는 비슷합니다. 어정쩡한 양당제는 청와대의 발목도 잡습니다. 대통령은 양당 중 하나의 지도자입니다. 정치판을 반으로 쪼개놓고 대결하다 갑자기 통합을 추구합니다. 대통령이 정치 통합을 이루기 힘든 이유입니다.

양당제 지형 아래에서 합의를 이뤄도 중원의 합의에 그치고 맙니다. 변방에서 볼 때 합의는 야합일 수 있습니다. 야합 같은 합의가 계속되다보면 중원 정치에 실망하고 무관심해지기 마련입니다. 트럼프 현상이 일어날 제도적 조건이 한국에도 있는 셈이죠. 태극기 부대는 그 선구자 또는 맛보기라 할 수 있습니다. 코로나 19 바이러스의 위기로 멈추기까지 태극기 집회는 참 요란하게 이어졌습니다. 한쪽에서는 기독교 예배가 열리고 다른 쪽에서는 기념품 판매하기에 바빴죠. 각종 서명운동이 이뤄지고, 서로서로 낯익은 이들과 인사하느라 시끌벅적합니다. 문재인 대통령을 희화하는 놀이도 벌어집니다. 집회가 시작되고 연사들이 나오면 현 정부는 물론 당시 보수 야당이던 미래통합당에 대한 비난도 빠지지 않았죠. 시위가 끝나면 광화문 광장을 향해 행진하고, 그곳에서 또 집회가 열렸습니다. 이런 시위가 매주 이어졌습니다. 토요일마다 전국에서 서울역 광장으로 모였죠.

태극기 집회는 하루아침에 시작된 게 아닙니다. 태극기 세력은 박근혜 정부하에서 꾸준히 성장했죠. 맨주먹으로 가꾼 경제발전, 굳건한 한미동맹, 반공의 성서를 맹신합니다. 박정희 세대의 성과가 빨갱이의 손에 훼손된다고 걱정합니다. 이런 그들에게 박근혜는 나라의 타락을 막는 박정희의 재림이었죠. 박씨 가문과의 깊은 감정적 유대감이 애국이고, 정체성이었습니다. 이런 정치적 감수성을 바탕으로 조직의 세를 넓혀갔습니다. 각종 친박 조직은 우리공화당 등 정치 조직으로 발전했고 단순 시위가 아닌 보수 정치를 주도하는 세력으로 성장했죠. 이 배경에 노년층 문제도 무시할 수 없습니다. 한국의 노년층은 가난하고 사회적 고립감도 심합니다. 이들의 이익을 대변할 만한 정당이 있을 법하지만, 한국 정치 지형은 이를 허락지 않았죠. 좌건 우건

이들의 울분을 들어주는 세력은 전무합니다. 태극기 부대는 그 공백을 채워주었습니다. 따뜻한 커피 한 잔, 정겨운 인사를 건넸습니다. 사명감과 동지애를 다시 불러일으켰죠. 토요일마다 광화문 광장에서 그 열정이 폭발한 게 당연합니다. 권위주의적 지도자와의 감정적 유대, 정치적 고립감, 좋았던 옛날에 대한 향수 등은 트럼프 지지자들이 가졌던 그것과 거의 똑같습니다. 정치 세력화가 폭발적이었던 면도 비슷하죠.

태극기 부대에 대한 반응도 트럼프 지지자에 대한 반응과 비슷합니다. 트럼프 지지자들을 조롱하는 목소리가 컸죠. '멍청하다', '인종차별주의자다', '제정신이냐', '저걸 어떻게 믿나'. 광화문 광장을 지나는 행인도 고개를 흔들고 혀를 찼습니다. '알바 아니냐', '정신이 나갔다'. 이렇게 한탄하고 조롱하는 건 쉽습니다. 하지만 태극기 부대의 성장 배경을 이해하는 것이 더 중요하죠. 어느 정당이 집권해도 달라질 것 없는 사람들은 인종차별을 일삼는 트럼프를 받아들였습니다. 이 지긋지긋한 세상을 뒤흔들 수만 있다면 말이죠. 평범한 노동자들도 여기에 가담했죠. 그 결합은 극단적 세력을 주류로 단번에 탈바꿈시켰습니다. 이렇게 절망에 빠진 노동자들이 한국에는 없을까요? 취업은 안 되고 빚만 쌓이는 젊은이들이 한국에는 없을까요? 이들이 극단적 세력과 뭉칠 가능성은 없을까요? 나를 도와줄 생각이 없는 정치판을 뒤집어보겠다고 직접 나설 가능성이 전무할까요?

트럼프가 보여주듯 민주체제가 꼭 민주적 지도자, 민주 정부로 이어지는 것은 아닙니다. 민주체제 또한 과정일 뿐이며 완성품이나 목표 그 자체는 아닙니다. 미국의 성공과 실패를 바로 보고, 우리의 실을 찾아야겠죠. 트럼프가 들춰낸 미국 민주체제의 약점이 우리에게도 있다는 걸 알아야 합니다. 박정희 세력과 민주 세력이 자웅을 겨루며 한국 정치를 이끌었습니다. 우리는 1987년 체제를 통해 민주주의를 시작하고 지켜왔다는 자부심을 가지고 있습니다. 하지만 이것만으로는 모자랍니다. 이제는 양측의 싸움에 가려져 있는 이들을 돌아봐야 합니다. 다양하고 낯선, 때로는 이상한 목소리까지 담을 수 있는 정치체제로 발전을 모색해야 합니다. 다양한 목소리가 실질적 영향력을 갖는 제도를 도입해야 합니다. 선거제도의 개편을 통해 비례성을 강화해야 합니다. 비례의석을 대폭 확장해야 합니다. 소선구제도 중대형선거구로 개편해야 하죠. 국가보안법처럼 의식과 양심에 굴레를 씌우는 악법도 없애야 합니다. 조직과 시위를 제한하는 다양한 제약도 마찬가지로 없애야 합니다. 더 나아가 정부의 체제도 다시 검토할 필요가 있습니다. 박정희가 쿠데타로 무너뜨린 제2공화국의 의원내각제에 대한 논의를 다시 시작해야 합니다. 민주체제의 정당성은 민중에게서 나옵니다. 정치 참여가 일부에게만 국한돼서는 안 됩니다. 민중의 다양한 목소리를 효과적으로 반영할 수 있는 정치체제로의 전환이 시급합니다.

1장

1 "Absentee Voting Rules, Dates And Deadlines For Your State", National Public Radio, 2020.10.14.

2 "When Will Mail-In Ballots Be Counted And Processed?", National Public Radio, 2020.10.23.

3 "Why Pennsylvania is still counting votes after Election Day", ABC, 2020.11.3.

4 Eugene Boyd, "American Federalism, 1776 to 1997: Significant Events". https://usa.usembassy.de/etexts/gov/federal.htm

5 남북전쟁 참전 군인 셰이즈가 이끈 무력 반란(1786~1787)으로 빚, 과세 등 경제적 어려움 때문에 일어났습니다. 특히 정부가 경제 문제를 해결할 수 없었던 것이 주요 요인이었습니다. 매사추세츠주 스프링필드 근처에서 전투가 벌어졌죠. 연방정부는 전비를 마련하지 못해 대응에 실패했고, 결국 매사추세츠 주정부가 민병대를 꾸려 진압했습니다. "Shays' Rebellion", Wikipedia. https://en.wikipedia.org/wiki/Shays_Rebellion

6 ORDER GOVERNOR OF THE STATE OF MARYLAND NUMBER, 2020.3.30.

7   "Sam Brownback", Wikipedia. https://en.wikipedia.org/wiki/
    Sam_Brownback

8   남태현, 《세계의 정치는 어떻게 움직이는가》, 창비, 2017, 10장.

9   "How Trump amassed a red-state army in the nation's capital —
    and could do so again", *The Washington Post*, 2020.10.1.; "The long
    love affair between Fox News and Trump may be over. Here's how
    it all soured last week", *The Washington Post*, 2020.11.9.; "Trump's
    Weaponization of USPS and the Census", *The Atlantic*, 2020.8.11.

10 "His fellow Republicans turned on him, but Georgia Secretary of
    State Brad Raffensperger isn't backing down", *The Washington Post*,
    2020.11.11.

11 Lowi, Theodore J., Benjamin Ginsberg, and Kenneth A. Shepsle,
    American Government (7th edition), Norton, 2002, pp. 40-42.

12 남태현, "[세상읽기] 트럼프와 음모론 '어두운 공생'", 경향신문,
    2020.10.30.

13 미국대법원 홈페이지. https://www.supremecourt.gov/
    about/faq_justices.aspx#:~:text=As%20of%20October%20
    2020%2C%20there,Justices%20have%20served%20is%2016.

14 "Clinton v. Jones", Wikipedia. https://en.wikipedia.org/wiki/
    Clinton_v._Jones

15 "District of Columbia v. Heller", Wikipedia. https://
    en.wikipedia.org/wiki/District_of_Columbia_v._Heller; "McDonald
    v. City of Chicago", Wikipedia. https://en.wikipedia.org/wiki/
    McDonald_v._City_of_Chicago

16 "Efforts to repeal the Affordable Care Act", Wikipedia. https://
    en.wikipedia.org/wiki/Efforts_to_repeal_the_Affordable_Care_Act
    #Vote_total_summary

17 "Analysis | Why America's Supreme Court drama looks so strange
    to the rest of the world", *The Washington Post*, 2018.10.6.

2장

1 "Pennsylvania Election Result", *The New Yor Times*, 2020.11.3.; "Biden Takes Leads In Pa., Ga., Putting Him On Cusp Of Electoral College Win", The National Public Radio, 2020.11.6.

2 "Joe Biden struggles with Pennsylvania voters over fracking", *The Lost Angeles Times*, 2020.9.23

3 "Analysis | The Energy 202: Trump mounts last-minute, pro-fracking push in Pennsylvania", *The Washington Post*, 2020.11.2.

4 "Why California's Water Crisis Is So Difficult to Solve", *The New York Times*, 2019.5.21.; "Homeless in Hawaii", Lt. Governor of the State of Hawaii's website. https://bit.ly/3asJ3Z9

5 "2016 Presidential Election Results", *The New York Times*, 2017.8.9.

6 "Electoral College", National Archive website. https://bit.ly/3oz2Qve

7 "The Electoral College's Racist Origins", *The Atlantic*, 2019.11.17.

8 남태현, 《왜 정치는 우리를 배신하는가》, 창비, 2014, 4장.

9 "Redistricting activists brace for wall of inaction as battle moves to states", *The Washington Post*, 2019, 11.13.

10 "What's Stronger Than a Blue Wave? Gerrymandered Districts", *The New York Times*, 2018.11.29.

11 Laura Royden and Michael Li, "EXTREME MAPS", Brennan Center for Justice at New York University School of Law, 2017.

12 "Just how many elected officials are there in the United States? The answer is mind-blowing", *Daily Kos*, 2015.3.29.; "List of US statewide elected officials", Wikipedia. https://en.wikipedia.org/wiki/List_of_U.S._statewide_elected_officials; "Too much Democracy: Do we really need to put obscure local offices to the popular vote?", *The Washington Post*, 2014.11.4.

13 "2020 election to cost $14 billion, blowing away spending records", OpenSecret website

14 "빚내서 주식 올인…신용융자 15조 원 '돌파'", 이투데이, 2020.8.11.

15 "15조 음식 배달 시장을 잡아라…우버이츠·카카오·네이버

삼파전", 조선비즈, 2018.5.29.

16 "Most Expensive Races", OpenSecrets website

17 "대선후보 선거비용 얼마나 썼나…보전과 절차는", 연합뉴스, 2017.5.10.

18 "Majority of lawmakers in 116th Congress are millionaires", OpenSecret website

19 "Summary data for Joe Biden, 2020 cycle" OpenSecret websi

20 "The Big Role That Big Donors Still Play, Quietly, for Joe Biden", *The New York Times*, 2020.10.20.

21 "A Democratic Super PAC Surge Helps Biden Expand His Map", *The New York Times*, 2020.10.20.

22 남태현, 《왜 정치는 우리를 배신하는가》, 창비, 2014, 4장.

23 "How a Coal Baron's Wish List Became President Trump's To-Do List", *The New York Times*, 2018.1.9.

24 "The Business Links of Those Leading Trump's Rollbacks", *The New York Times*, 2017.11.13.

25 "Trump is appointing more rich donors to become ambassadors than any other recent US president, and they are less qualified", *The Washington Post*, 2019.11.28.

3장

1 "Third-party and independent members of the United States House of Representatives", Wikipedia. https://en.wikipedia.org/wiki/Third-party_and_independent_members_of_the_United_States_House_of_Representatives

2 Theodore J. Lowi, Benjamin Ginsberg, Kenneth A. Shepsle, Stephen Ansolabehere, *American Government: Power and Purpose*, Norton, 2002, Chapter 11.

3 "Summary data for Jo Jorgensen, 2020 cycle", OpenSecrets website.

4 "United States Congress elections, 2020", Ballotpedia website. https://ballotpedia.org/United_States_Congress_elections,_2020

5   "What are TRAP Laws?", Planned Parenthood website. https://
    www.plannedparenthoodaction.org/issues/abortion/trap-laws

6   남태현, 《세계의 정치는 어떻게 움직이는가》, 창비. 2017,
    237~243쪽.

7   "Medicare for All", Bernie Sanders' website. https://
    berniesanders.com/issues/medicare-for-all/

8   "What Is the Green New Deal? A Climate Proposal, Explained", *The
    New York Times*, 2019.2.21.

9   "Israel's Military Exemption for Ultra-Orthodox Is Ruled
    Unconstitutional", *The New York Times*, 2017.9.12.

10 원래 "Feel the burn"이란 관용구가 있습니다. 직역하면 "이 열기를
    느껴라"라는 뜻으로 새로운 열기나 의욕을 느끼고 즐기라는 말로
    쓰죠. 버니 샌더스의 이름 버니Bernie를 이용해 '치솟는 버니의
    지지를 느껴라'라는 의미로 쓰였습니다. 당시 상황과 딱 맞는
    구호였죠.

4장

1   "Donald Trump sexual misconduct allegations", Wikipedia.
    https://en.wikipedia.org/wiki/Donald_Trump_sexual_misconduc
    t_allegations

2   "Analysis | Trump is averaging more than 50 false or misleading
    claims a day", *The Washington Post*, 2020.10.22.; Glenn Kessler,
    Salvador Rizzo, and Meg Kelly, *Donald Trump and His Assault on
    Truth: The President's Falsehoods, Misleading Claims and Flat-out Lies*,
    Scribner, 2020.

3   "Trump inauguration crowd photos were edited after he
    intervened", *The Guardian*, 2018.9.6.

4   "Donald Trump's history of inciting violence through his words
    and tweets: A timeline", *Vox*, 2020.10.9.

5   "Opinion | A short history of President Trump's anti-Muslim
    bigotry", *The Washington Post*, 2019.3.15.

6 "Proud Boys celebrate Trump's 'stand by' remark about them at the debate", *The New York Times*, 2020.9.29.

7 "This Is How Kleptocracies Work", *The Atlantic*, 2020.2.23.; "Kleptocracy Is on the Rise in America", *The Atlantic*, MARCH 2019 ISSUE.

8 "Supreme Court Ends Emoluments Suits Against Trump", *The New York Times*, 2021.1.25.

9 "Trump's company has received at least $970,000 from U.S. taxpayers for room rentals", *The New York Times*, 2020.5.14.; "From Mar-A-Lago To Trump Hotels, Reporter Says Trump Profits As Presiden", National Public Radio, 2020.9.5.

10 "The Abnormal Presidency", *The Washington Post Magazine*, 2020.11.15.

11 "The Swamp That Trump", *The New York Times*, 2020.10.10.

12 "Trump Lost the 2020 Election. He Has Raised $207.5 Million Since", *The New York Times*, 2020.12.3.

13 "Trump's Claim of Total Authority in Crisis Is Rejected Across Ideological Lines", *The New York Times*, 2020.4.14.

14 "Trump Pardons Two Russia Inquiry Figures and Blackwater Guards", *The New York Times*, 2020.12.22.

15 "The Checks and Balances That Trump Has Swept Away", *The Atlantic*, 2020.2.4.; "Trump keeps running roughshod over Congress", *The Washington Post*, 2020.8.10.

16 "Behind the Ukraine Aid Freeze: 84 Days of Conflict and Confusion", *The New York Times*, 2019.12.29.

17 "Trump planning to divert additional $7.2 billion in Pentagon funds for border wall", *The Washington Post*, 2020.1.13.

18 "Trump claims 'millions voted illegally' but offers no evidence", *The Guardian*, 2016.11.28.

19 "Trump Has Launched a Three-Pronged Attack on the Election", *The Atlantic*, 2020.8.7.; "Trump Attacks an Election He Is at Risk of Losing", *The New York Times*, 2020.7.30.

20 "Election results under attack: Here are the facts", *The Washington*

Post, 2021.1.4.

21 "'The last wall': How dozens of judges across the political spectrum rejected Trump's efforts to overturn the election", *The Washington Post*, 2020.12.12.

22 "After the fact: the five ways Trump has tried to attack democracy post-election", *The Guardian*, 2020.12.12; "Trump's challenges to election results: What they are and what could happen", *The Washington Post*, 2021.1.4.

23 "Trump repeats false claim that election was stolen after mob storms Capitol", *The Washington Post*, 2021.1.6.

24 "Trump wall: How much has he actually built?", BBC, 2020.10.31.

25 "Trump boasts that he's 'like, really smart' and a 'very stable genius' amid questions over his mental fitness", *The Washington Post*, 2018.1.6.

26 "Trump Attacked Generals as Weak and Too Focused on Allies, Woodward's Book Says", *The New York Times*, 2020.9.9.

27 "Timeline of Trump's COVID-19 Comments", FactCheck.org, 2020.10.2.

5장

1 "What Do Donald Trump Voters Actually Want?", *The Atlantic*, 2015.8.17.

2 "Foreign-born workers made up 17.4 percent of labor force in 2019", Bureau of Labor Statistics, 2020.5.29.

3 "Immigration | Gallup Historical Trends", Gallup website. https://news.gallup.com/poll/1660/immigration.aspx

4 "Analysis | Trump's most insulting — and violent — language is often reserved for immigrants", *The Washington Post*, 2019.10.2.; "Trump on immigrants: 'These aren't people. These are animals.'", *USA Today*, 2018.5.16.

5 "Timeline of the Muslim Ban", The American Civil Liberties Union

website. https://www.aclu-wa.org/pages/timeline-muslim-ban;
George Hawley, "Ambivalent nativism: Trump supporters' attitudes
toward Islam and Muslim immigration", Brookings Institution
website, 2019.7.24.

6   "A guide to the financial crisis — 10 years later", *The Washington Post*, 2018.9.10.

7   "FactChecking Trump on Trade", FactCheck.org, 2018.10.3.

8   실제 적자 폭은 1.6조 날려었고, 고용은 증가했습니다.

9   "United States real GDP growth rate 1930-2020", Statista website. https://www.statista.com/statistics/996758/rea-gdp-growth-united-states-1930-2019/; "Unemployment Rate (UNRATE)", Federal Reserve Bank of St. Louis. https://fred.stlouisfed.org/series/UNRATE

10 "Trends in US income and wealth inequality", Pew Research Center, 2020.1.9. https://www.pewsocialtrends.org/2020/01/09/trends-in-income-and-wealth-inequality/

11 "Understanding the Epidemic | Drug Overdose", Centers for Disease Control and Prevention, 2020.3.19.; "How the Epidemic of Drug Overdose Deaths Rippled Across America", *The New York Times*, 2016.1.19.

12 "Filmmaker Michael Moore on Why Election Night Will Be The Biggest 'F**k You' Ever", Youtube, 2016.11.2.

13 "Everyone must stop saying they are 'stunned' and 'shocked'. What you mean to say is that you were in a bubble and weren't paying attention to your fellow Americans and their despair. YEARS of being neglected by both parties, the anger and the need for revenge against the system only grew. Along came a TV star they liked whose plan was to destroy both parties and tell them all 'You're fired!' Trump's victory is no surprise. He was never a joke. Treating him as one only strengthened him. He is both a creature and a creation of the media and the media will never own that." 페이스북 포스팅.

14 "Historical racial and ethnic demographics of the United States",

Wikipedia. https://en.wikipedia.org/wiki/Historical_racial_and_e thnic_demographics_of_the_United_States

15 "US Census Bureau Releases CPS Estimates of Same-Sex Households", The US Census Bureau, 2019.11.19.

16 "Guides: A Brief History of Civil Rights in the United States", Georgetown Law Library.

나가며

1 "Former Commanders Fault Trump's Use of Troops Against Protesters", *The New York Times*, 2020.6.2.; "Trump and Ukraine: What we know for sure", *The Washington Post*, 2019.11.27.; "As Impeachment Ends, Federal Inquiry Looms as Reminder of Trump's Role in Riot", *The New York Times*, 2021.2.13.

2 "'새누리당 공천 개입' 박근혜 항소심도 징역 2년", 한겨레, 2018.11.21.; "통합진보당은 왜 공중분해 됐을까", 한국일보, 2014.12.19.

3 "Analysis | While bemoaning Mueller probe, Trump falsely says the Constitution gives him 'the right to do whatever I want'", *The Washington Post*, 2019.7.23.; "Trump ignores Constitution in assertion that his 'authority is total' amid coronavirus pandemic, legal experts say", *The Washington Post*, 2020.4.14.

미국 정치 평전

초판 1쇄 펴낸날 2021년 3월 30일
지은이 남태현
펴낸이 박재영
편집 이정신·임세현·한의영
마케팅 김민수
디자인 조하늘
제작 제이오
펴낸곳 도서출판 오월의봄
주소 경기도 파주시 회동길 363-15 201호
등록 제406-2010-000111호
전화 070-7704-5018
팩스 0505-300-0518
이메일 maybook05@naver.com
트위터 @oohbom
블로그 blog.naver.com/maybook05
페이스북 facebook.com/maybook05
인스타그램 instagram.com/maybooks_05

ISBN 979-11-90422-66-6 03300

이 책은 저작권법에 따라 보호받는 저작물이므로 무단전재와 복제를 금합니다.
이 책 내용의 전부 또는 일부를 이용하려면 반드시 저작권자와 도서출판 오월의봄에
서면 동의를 받아야 합니다.

책값은 뒤표지에 있습니다. 잘못된 책은 바꾸어 드립니다.

만든 사람들
책임편집 박재영
디자인 조하늘